VORBEMERKUNG

Im Leben des Philosophen Georg Wilhelm Friedrich Hegel (1770 – 1831) spielt Nürnberg und auch Franken eine ganz besondere Rolle: In der Stadt, in der er von 1808 bis 1816 lebte, als Gymnasialrektor tätig war und mit Marie von Tucher seine Ehefrau fand, wurde die seine Existenz festigende Grundlage für den Aufstieg zu größtem Ruhm und Einfluss in Berlin geschaffen.

Die häufig anzutreffende Meinung, dass die Biografie Hegels keine besonderen Vorkommnisse aufzeige und daher weniger Beachtung verdiene, ist irrig; es handelt sich um die Lebensgeschichte eines herausragenden Bildungsbürgers mit ihren Höhen wie Tiefen und erweist sich so als exemplarisches kulturgeschichtliches Zeugnis für die Zeit zwischen dem Ende des 18. und dem ersten Drittel des 19. Jahrhunderts. Auch wenn in diesem Band der Blick vor allem auf die Nürnberger Zeit gerichtet ist, gilt es, um den „ganzen Hegel" vorzustellen, dessen Weg nach Nürnberg und dann von Franken nach Preußen zu skizzieren. „Für den Philosophen gilt dasselbe wie für jeden produktiven Menschen: Sein Werk ist nicht allein aus seinem Leben deutbar, doch die Lebensumstände vermögen ihrerseits auch viel im Werk zu erklären." (Wolfgang Matz)[1)]

Aufgabe der kurzen Darstellung kann es nicht sein, die Philosophie dieses bedeutenden Denkers und sein umfassendes philosophisches System detailliert zu behandeln; auch liegt dazu, wie zu vielen Einzelthemen und -fragen seines Werkes, ein geradezu unüberschaubares Schrifttum vor. Doch verlangt natürlich die Lebensbeschreibung eines „Giganten des Geistes", dass seine denkerische Leistung, die ja Anlass für die Hinwendung zu seiner Lebensgeschichte ist, zu

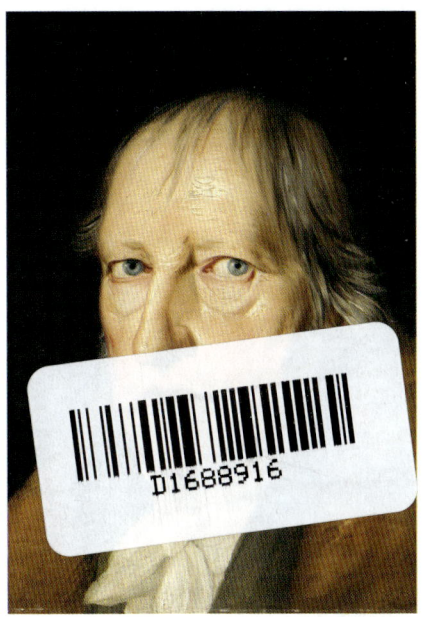

Bildnis des Philosophen Georg Wilhelm Friedrich Hegel, Ölgemälde von Johann Jacob Schlesinger (1792-1855); Abdruck mit freundlicher Genehmigung des „Bildarchivs Preußischer Kulturbesitz" Berlin, Inv. Nr. A I 556 (künftig BPK); Nationalgalerie, Staatliche Museen Berlin

mindest in Konturen aufgezeigt wird. Die Spurensuche ist vornehmlich für den interessierten Laien gedacht.

Um möglichst viele Informationen vermitteln zu können, sind in den laufenden Text eine größere Anzahl von Zitaten und „Kästchen" eingefügt, die Originalstellen aus Hegels Werken sowie aufschlussreiche Passagen aus Zeitzeugenberichten und der Sekundärliteratur über Hegel bringen. So fungiert dieser Band als kleines Hegel-Lesebuch. Schließlich wird Hegels Leben und Werk auf umfangreiche Weise durch Abbildungen visualisiert. Diesen sind Illustrationen und Informationen zu Hegel-Gedenkstätten integriert, die den kulturtouristischen Bedürfnissen Genüge leisten wollen.

I. PHILOSOPH DES GEISTES

I.1 Das „lösende" System

Der Ontologe Nicolai Hartmann (1882 – 1950), für den sich das Sein aus vier deutlich voneinander geschiedenen Schichten aufbaut – Materie, Leben, Bewusstsein und Geist –, bezeichnete Hegel als den „Philosophen des Geistes" unter den Denkern der Neuzeit, also nach seinem System der höchsten Stufe.

„Geistiges Sein aber ist Innerlichkeit, Fülle, Umfassen. Wer Hegels Philosophie verstehen will, muß sie aus ihrem Innersten, ihrer Fülle, ihrem großen, alles würdigenden Umfassen heraus verstehen. Anders wird er sie nie verstehen."[2]

Das Allgemeine als das Absolute

Das Wahre ist das Ganze. Das Ganze aber ist nur das durch seine Entwicklung sich vollendende Wesen. Es ist von dem Absoluten zu sagen, daß es wesentlich *Resultat,* daß es erst am *Ende* das ist, was es in Wahrheit ist; und hierin eben besteht seine Natur, Wirkliches, Subjekt, oder Sichselbstwerden, zu sein. So widersprechend es scheinen mag, daß das Absolute wesentlich als Resultat zu begreifen sei, so stellt doch eine geringe Überlegung diesen Schein von Widerspruch zurecht. Der Anfang, das Prinzip oder das Absolute, wie es zuerst und unmittelbar ausgesprochen wird, ist nur das Allgemeine. So wenig, wenn ich sage: *alle* Tiere, dies Wort für eine Zoologie gelten kann, ebenso fällt es auf, daß die Worte des Göttlichen, Absoluten, Ewigen usw. das nicht aussprechen, was darin enthalten ist; – und nur solche Worte drücken in der Tat die Anschauung als das Unmittelbare aus. Was mehr ist als ein solches Wort, der Übergang auch nur zu einem Satze, enthält ein *Anderswerden,* das zurückgenommen werden muß, ist eine Vermittlung. Diese aber ist das, was perhorresziert wird, als ob dadurch, daß mehr aus ihr gemacht wird denn nur dies, daß sie nichts Absolutes und im Absoluten gar nicht sei, die absolute Erkenntnis aufgegeben wäre.

(1) Hegel: Über das Wahre.

Im umfassenden „Ganzen" – als einem „Kreis von Kreisen" – sieht Hegel das Wahre; ohne „System", in dem alles mit allem vermittelt erscheint, „könnten wir in der Philosophie aufhören". Philosophie sei „wesentlich Enzyklopädie", „indem das Wahre nur als Totalität und nur durch Unterscheidung und Bestimmung seiner Unterschiede die Notwendigkeit derselben und die Freiheit des Ganzen sein kann."[3] „Daß ich erkenne, was die Welt / im Innersten zusammenhält", ist Fausts Bestreben bei Goethe; er scheitert – auch wenn ihm Mephistopheles vorgaukelt, er würde ihm zu solcher Einsicht verhelfen. In Heinrich Heines „Die Heimkehr" erscheint dementsprechend der Teufel – „ein Mann in seinen besten Jahren, / verbindlich und höflich und welterfahren" – als einer, der Hegel studiert hat; (er sei aber etwas blass)[4]. Hegel nahm jedenfalls ohne Hilfe eines „gefallenen Engels" in Anspruch, das Ganze, abstrahiert von der Vielfältigkeit und Farbigkeit der einzelnen Phänomene, gedacht und vorgedacht zu haben. Um nochmals Goethe, hier aus „Die Metamorphose der Pflanzen", zur Veranschaulichung heranzuziehen:

„Dich verwirret, Geliebte, die tausendfältige Mischung
Dieses Blumengewühls über dem Garten umher;
Viele Namen hörest du an, und immer verdränget
Mit barbarischem Klang einer den andern im Ohr.
Alle Gestalten sind ähnlich, und keine gleichet der andern;
Und so deutet das Chor auf ein geheimes Gesetz,
Auf ein heiliges Rätsel. O könnt' ich dir, liebliche Freundin,
Überliefern sogleich glücklich das lösende Wort!"[5]

Hegels selbstsichere Überzeugung ist, dass die Welträtsel zu lösen beziehungsweise durch Philosophie aufzulösen seien – eine Philosophie, die in Überwindung aufklärerischer Flachheit die „Morgenröte eines gediegeneren Geistes" im „Erfassen der Ideen" anbrechen lässt. „Unser Beruf und Geschäft ist die Pflege der philosophischen Entwicklung der substantiellen Grundlage, die sich neu verjüngt und bekräftigt hat."[6]

Bewahrung des heiligen Lichts

Was die Auszeichnung des Deutschen in der Kultur der Philosophie betrifft, so zeigt nämlich der Zustand dieses Studiums und die Bedeutung dieses Namens bei den anderen Nationen, daß der Name sich noch bei ihnen erhalten, aber seinen Sinn verändert hat und daß die Sache verkommen und verschwunden ist, und zwar so, daß kaum eine Erinnerung und Ahnung von ihr zurückgeblieben ist. Diese Wissenschaft hat sich zu den Deutschen geflüchtet und lebt allein noch in ihnen fort. Uns ist die Bewahrung dieses heiligen Lichtes anvertraut, und es ist unser Beruf, es zu pflegen und zu nähren und dafür zu sorgen, daß das Höchste, was der Mensch besitzen kann, das Selbstbewußtsein seines Wesens, nicht erlösche und untergehe.

Aber selbst in Deutschland ist die Flachheit der früheren Zeit vor seiner Wiedergeburt so weit gekommen, daß sie gefunden und bewiesen zu haben meinte und versicherte, es gebe keine Erkenntnis der Wahrheit; Gott, das Wesen der Welt und des Geistes, sei ein Unbegreifliches, Unfaßbares; der Geist müsse bei der Religion stehen bleiben und die Religion beim Glauben, Gefühl und Ahnen, ohne vernünftiges Wissen. Das Erkennen betreffe nicht die Natur des Absoluten, Gottes und dessen, was in Natur und Geist wahr und absolut ist, sondern vielmehr allein teils nur das Negative, daß nichts Wahres erkannt, sondern daß allein Unwahres, Zeitliches und Vergängliches gleichsam den Vorzug genieße, erkannt zu werden …

Die Verzweiflung an der Vernunft war, wie es bis zu ihr gekommen war, noch mit Schmerz und Wehmut verknüpft; aber bald haben der religiöse und sittliche Leichtsinn und dann die Plattheit und Seichtigkeit des Wissens, welche sich Aufklärung nannte, frank und frei ihre Ohnmacht bekannt und ihren Hochmut in das gründliche Vergessen höherer Interessen gelegt; und zuletzt hat die sogenannte kritische Philosophie diesem Nichtwissen des Ewigen und Göttlichen ein gutes Gewissen gemacht, indem sie versichert, bewiesen zu haben, daß vom Ewigen und Göttlichen nichts gewußt werden könne. Diese vermeinte Erkenntnis hat sich sogar den Namen Philosophie angemaßt und nichts ist der Seichtigkeit des Wissens sowohl als des Charakters willkommener gewesen, nichts so bereitwillig von ihr ergriffen worden als diese Lehre der Unwissenheit, wodurch eben diese Seichtigkeit und Schalheit für das Vortreffliche, für das Ziel und Resultat alles intellektuellen Strebens ausgegeben worden ist.

Das Wahre nicht zu wissen und nur Erscheinungen des Zeitlichen und Zufälligen – nur das Eitle zu erkennen, diese Eitelkeit ist es, welche sich in der Philosophie breit gemacht hat und in unseren Zeiten noch breit macht und das große Wort führt. Man kann wohl sagen, daß, seitdem sich die Philosophie in Deutschland hervorzutun angefangen hat, es nie so schlecht um diese Wissenschaft ausgesehen hat, daß eine solche Ansicht, ein solches Verzichttum auf vernünftiges Erkennen, solche Anmaßung und solche Ausbreitung erlangt hätte – eine Ansicht, welche noch von der vorhergehenden Periode sich herübergeschleppt hat, und welche mit dem gediegeneren Gefühle, dem neuen substantiellen Geiste, so sehr in Widerspruch steht. Diese Morgenröte eines gediegeneren Geistes begrüße ich, rufe ich an; mit ihm nur habe ich es zu tun, indem ich behaupte, daß die Philosophie Gehalt haben müsse, und indem ich diesen Gehalt vor Ihnen entwickeln werde.

Überhaupt aber rufe ich den Geist der Jugend dabei an; denn sie ist die schöne Zeit des Lebens, das noch nicht in dem System der beschränkten Zwecke der Not befangen und für sich der Freiheit einer interesselosen wissenschaftlichen Beschäftigung fähig ist; ebenso ist sie noch unbefangen von dem negativen Geiste der Eitelkeit, von dem Gehaltlosen eines bloß kritischen Bemühens. Ein noch gesundes Herz hat noch den Mut, Wahrheit zu verlangen, und das Reich der Wahrheit ist es, in welchem die Philosophie zu Hause ist, welches sie erbaut und dessen wir durch ihr Studium teilhaftig werden. Was im Leben wahr, groß und göttlich ist, ist es durch die Idee; das Ziel der Philosophie ist, sie in ihrer wahrhaften Gestalt und Allgemeinheit zu erfassen. Die Natur ist drunter gebunden, die Vernunft nur mit Notwendigkeit zu vollbringen; aber das Reich des Geistes ist das Reich der Freiheit. Alles, was das menschliche Leben zusammenhält, was Wert hat und gilt, ist geistiger Natur, und dies Reich des Geistes existiert allein durch das Bewußtsein von Wahrheit und Recht, durch das Erfassen der Ideen.

(2) Hegel eröffnet seine Vorlesungen in Berlin, Oktober 1810

Was aber sind die „Ideen", was ist das „Ganze", auf das hin alles und jedes und noch dazu im Prozeß der Entwicklung, bei der keine Hervorbringung des menschlichen Geistes ein und für allemal gültig ist, transzendiert? Schon sehr früh habe sich bei Hegel dieses Ganze als „System" manifestiert, meinte Karl Rosenkranz, der erste Biograph Hegels. Nicht ein System als Schematismus, dessen Kategorien den äußerlich aufgegriffenen Reichtum des Universums mechanisch einordnen würden, „sondern wir sehen einen gemüthvollen Menschen, der

> Lehrer: Professor Heller.
>
> Es wurde die griechische und römische Geschichte, nebst der Literärgeschichte beider Völker vorgetragen.
>
> d.) **Mathematik**; wöchentlich **vier Stunden**.
> Lehrer: Professor Müller.
>
> In zwei Stunden wurde die Stereometrie und die Anfangsgründe der höhern Geometrie; in den zwei andern Stunden die Physik nach dem Kriesischen Lehrbuch vorgetragen, und mit zweckmäßigen Experimenten begleitet, soweit es die Beschaffenheit des Apparats erlaubte.
>
> e.) **Philosophische Encyklopädie**; wöchentlich **drei Stunden**.
> Lehrer: Rektor Hegel.
>
> Nach einer Wiederholung der Logik wurden die Grundbegriffe der besondern Wissenschaften in systematischer Ordnung vorgetragen.
>
> f.) **Religionslehre**; wöchentlich **eine Stunde**.
> Lehrer: Rektor Hegel.
>
> Gemeinschaftlich mit der Mittelklasse.

Hegels Unterrichtsfächer am Melanchthon-Gymnasium in Nürnberg; Stadtbibliothek Nürnberg, Arch.-Nr. 75-nor-jb-22-1811-34

in ungeheurem Wissensdrang sich mit einer gewissen Gleichmäßigkeit um Alles kümmert, dem aber besonders die Geschichte als das Werk des Geistes und die Religion als die universellste Form der Vorstellung, welche sich der geschichtlich erscheinende Geist von seinem Wesen macht, durch das Herz gehen. Hieraus begreift sich auch der Grimm, mit welchem Hegel die äußerliche Verstandestheologie in sich niederkämpfte, und der mystische Zug, der sich eine Zeitlang in ihm fixierte."[7]

In allen großen Philosophien, so Egon Friedell im Hegel-Kapitel seiner „Kulturgeschichte der Neuzeit", zeige sich ein Hang zum Mystizismus, und alle neigten zur Vieldeutigkeit und Dunkelheit; je mehr man sich eben ans reine Denken verliere, desto mehr gelange man in Abgründe, Finsternisse und Verschlingungen. Der Extrakt des Hegelschen „mystischen" Denkens liege in dem Satz (aus der „Philosophie der Geschichte"), dass der einzige Gedanke, den die Philosophie mitbringe, der einfache Gedanke der Vernunft sei, dass nämlich Vernunft die Welt beherrsche, dass es also auch in der Weltgeschichte vernünftig zugegangen sei und zugehe. Die göttliche Weisheit, die Vernunft, die alles durchwalte, sei dieselbe im Großen wie im Kleinen: insofern stelle die Weltgeschichte eine Theodizee, eine Rechtfertigung Gottes dar. „Sie ist die Entwicklung des Geistes, und die Substanz, das Wesen des Geistes ist die Freiheit; folglich ist sie nichts anderes als der Fortschritt im Bewußtsein der Freiheit. Sie ist ‚die Auslegung des Geistes in der Zeit, wie die Idee als Natur sich im Raume auslegt'; die Philosophie sucht diesen Geist zu erfassen, sie hat es, wie Hegel am Schlusse des Werkes so schön sagt, ‚nur mit dem Glanze der Idee zu tun, die sich in der Weltgeschichte spiegelt'."[8]

I.2 Der Mythos der Vernunft

Die „Hegeleien" – von solchen sprach Friedrich Nietzsche – vollends zu verstehen, ist auch für durchaus bemühte Leser schwierig. Ralf Ludwig, der Verfasser einer Lese-Einführung in Hegels Denken („Hegel für Anfänger"), bietet all denjenigen, denen beim ersten Blick in sein Werk „Hören und Sehen vergeht", zum Trost ein Wort Ernst Blochs an: „Dunkles, das exakt als solches ausgedrückt wird, ist ein ganz Anderes wie Klares, das dunkel ausgedrückt ist; das Erste ist wie Greco oder Gewitterlicht, das Zweite ist Stümperei." Und er fährt fort: „Dennoch muß ich gestehen, daß ich mich beim Lesen von Hegels schwerer, dunkler Sprache oft nach der schweren, aber klaren Sprache Kants zurückgesehnt habe."[9]

„Irgendwie" mag man aber an Hegels Denken in seinem „großen, alles würdigenden Umfassen" (Nicolai Hartmann) „glauben". Vernunft erweist sich dann nicht als analytischer Verstand, der mit „normal" einsehbaren Definitionen und Konkretionen arbeitet, sondern setzt darauf, innere Erleuchtung zu evozieren – magische Beschwörung der Idee von der Ganzheitlichkeit der Welt, ein „Mythos der Vernunft". Dieser Ausdruck findet sich in einem Folioblatt von unbekannter Herkunft, 1917 in einer Berliner Bibliothek gefunden; es wird seitdem als das „Älteste Systemprogramm des deutschen Idealismus" bezeichnet. Für die Autorenschaft werden drei Namen als wahrscheinlich herangezogen: Hegel, Friedrich Wilhelm Schelling und Friedrich Hölderlin, die sich als Studenten voller revolutionären Elans im Tübinger Stift zusammengefunden hatten. Im Mittelpunkt dieser Schrift steht die sich als „kühn" vorstellende Idee, die noch in keines Menschen Sinn gekommen sei: „Wir

Friedrich Schiller (1759-1805)

müssen eine neue Mythologie haben, diese Mythologie aber muß im Dienste der Ideen stehen, sie muß eine Mythologie der Vernunft werden".[10]

Der Entartung etwa von Staat und Gesellschaft zu Mechanismen bzw. Maschinen wird ein Weltbild entgegengehalten, bei dem jeder Teil mit dem Ganzen organisch verflochten ist. Gerufen wird nach einem „Geist, vom Himmel gesandt", nicht um die Vernunft durch Theologie zu verdrängen, sondern, im Gegenteil, um sie zu begründen. Das intendiert eine Selbstkritik des aufklärerischen Kritizismus.

Die Überzeugung, dass durch Philosophie ästhetische Kraft generiert werden könne, spricht vor allem aus dem an Friedrich Schiller herangebildeten Temperament Schellings (u. a. gegen die Vernunft-Theologie gerichtet). Im Besonderen „hegelianisch" ist die Auffassung, dass die Verwirklichung der Vernunft mit der Verwirklichung der Idee gleichzusetzen sei. Diese „steht hier zweifellos für die ‚unsichtbare Kirche' als Vereinigungsort von Hegel, Hölderlin und Schelling, auch wenn die Benennung, die gerade in diesen Jahren für alle drei eine große Rolle spielt, im Text nicht auftaucht. Zu ihr gehört im Sinne der Erneuerung die Aussöhnung von Geist und Natur, von Idee und Sinnlichkeit ... Alle Zersplitterung zwischen dem ‚Volk', das ‚vernünftig' wird, und den ‚Philosophen', die ‚sinnlich zu machen' sind, werden im Lichte der höheren Einsichten ein Ende haben: ‚Dann herrscht ewige Einheit unter uns.' Und das schließt ein: ‚Nimmer der verachtende Blick, nimmer das blinde Zittern des Volkes vor seinen Weisen u. Priestern. Dann erst erwartet uns gleiche Ausbildung aller Kräfte des Einzelnen sowohl als aller Individuen.'

Aber das Welterneuerungsprogramm als eine in Prosa gefasste Version von Schillers ‚Seid umschlungen Millionen' macht auch hier noch nicht halt . Der Anspruch ist höher gesteckt, geht über jede moralische, ästhetische, pädagogische Zielsetzung und über die Horizonte Rousseaus, Kants und Fichtes hinaus. Mit seiner Durchsetzung fallen die Widerstände gegen die ‚allgemeine Freiheit und Gleichheit der Geister' von selber. Was den Verfassern des Papiers hier vor Augen schwebt, ist ein Akt der Religionsstiftung, die die Wende einleitet mit der Verheißung, ‚das letzte, größte Werk der Menschheit' zu ‚sein'." Hier ist die Generallinie von Hegels künftigem Denken vorgezeichnet: „Philosophie als neue Religion, in der das Sinnliche als das ästhetisch Erfahrbare nicht mehr verdächtigt werden kann. ‚Ein höherer Geist vom Himmel gesandt, muß diese neue Religion unter und stiften ...' ist Schellingsches Sprechen und geht in Hölderlins hymnischen Gesang ein. He-

Friedrich Rottmann: Begebenheit auf dem Heidelberger Universitätsplatz den 14ten July 1804, Gedacht wurde der Erstürmung der Bastille als Beginn der Französischen Revolution.

gels in seiner Natur angelegte Trockenheit hält ihn von solcher Tonlage fern, bewahrt ihn aber auch vor den Gefahren, die darin liegen."[11]

I.3 Am Nordpol des Gedankens

Die „Trockenheit" Hegels mag man als Folge seines Versuchs interpretieren, mit Hilfe einer vielfach selbst erfundenen Begrifflichkeit (Terminologie), die außerhalb des hymnischen Sprechens etwa eines Hölderlin angesiedelt war, zum Mitdenken anzuregen; sie führte aber zu einer das Verstehen erschwerenden Dunkelheit. Der Hegel wohlgesonnene Viktor Cousin, der sich später als Vermittler von dessen Philosophie in Frankreich hervortat, stellte bei seiner ersten Begegnung mit Hegel (in Heidelberg) fest, dass schon das starre Antlitz und die umwölkte Stirn des Meisters den in sich selbst zurückgeworfenen Gedanken spiegle.[12]

Nach Heidelberg kam im Frühjahr 1817 auch der estländische Baron Boris d'Yrkull. Als Garderittmeister hatte er den russischen Feldzug gegen Frankreich mitgemacht und sehnte sich, von den Nachwehen der erlittenen Strapazen kränklich gestimmt, nach einer tieferen Erfrischung des Geistes durch wissenschaftliche Bildung. Ohne je von Hegel etwas gelesen zu haben, glaubte er, in kurzer Zeit durch ihn die Quintessenz menschlichen Wissens erlernen zu können. „Kaum angekommen, war mein erstes Geschäft, nachdem ich mich etwas umgesehen, den Mann zu besuchen, von dessen Persönlichkeit ich mir die abenteuerlichsten Bilder entworfen hatte. Mit ausstudirten Phrasen, denn ich war mir meiner völligen Unwissenschaftlichkeit wohl bewußt, ging ich nicht ohne Scheu aber äußerlich zuversichtlich zu dem Professor hin und fand zu meiner nicht geringen Verwunderung einen ganz schlichten und einfachen Mann, der ziemlich schwerfällig sprach und nichts Bedeutendes vorbrachte. Unbefriedigt von diesem Eindruck, obschon heimlich angezogen durch Hegels freundlichen Empfang und einen gewissen Zug gütiger und doch ironischer Höflichkeit, ging ich, nachdem ich die Collegia des Professors angenommen, zum ersten besten Buchhändler, kaufte mir die schon erschienenen Werke Hegel's und setzte mich Abends bequem in meine Sophaecke, um sie durchzulesen. Allein je mehr ich las, und je aufmerksamer ich beim Lesen zu werden mich bemühete, je weniger verstand ich das Gelesene, so daß ich, nachdem ich mich ein paar Stunden mit einem Satze abgequält hatte, ohne etwas davon verstehen zu können, das Buch verstimmt weglegte, jedoch aus Neugierde die Vorlesungen besuchte. Ehrlicherweise aber mußte ich mir sagen, daß ich meine eigenen Hefte nicht verstand und daß mir alle Vorkenntnisse zu diesen Wissenschaften fehlten. Nun ging ich in meiner Noth wieder zu Hegel, der, nachdem er mich geduldig angehört, mich freundlich zurechtwies und mir verschiedene Privatissima zu nehmen anrieth: Lateinische Lectüre, die Rudimente der Algebra, Naturkunde und Geographie. Dies geschah ein halb Jahr hindurch, so schwer es dem Sechsundzwanzigjährigen ankam. Nun meldete ich mich zum drittenmal bei Hegel, der mich denn auch sehr gütig aufnahm und sich des Lächelns nicht erwehren konnte, als ich ihm meine propädeutischen Kreuz- und Querzüge mittheilte. Seine Rathschläge waren nun bestimmter, seine Theilnahme lebendiger und ich besuchte seine Collegia mit einigem Nutzen."[13]

Mehr Esprit als Hegel, meinte Friedrich Nietzsche, habe zwar von den berühmten Deutschen keiner gehabt; doch

Nordpol des Gedankens, wo einem das Gehirn im abstrakten Eis einfriere. Als Hegel auf dem Totenbett lag, soll er gesagt haben: „Nur einer hat mich verstanden", um gleich darauf verdrießlich hinzuzufügen: „Und der hat mich auch nicht verstanden."[17]

Arthur Schopenhauer. (1788-1860)

habe er so große Angst gehabt, ihm zu zeigen, dass er sich seinen eigentümlichen schlechten Stil zur Verhüllung schuf. Bei ihm sei ein Gedanke umwickelt und nochmals und wiederum umwickelt, bis er kaum noch hindurchblicken könne.[14] Arthur Schopenhauer nannte auf derbe Weise seinen Rivalen Hegel einen „geistlosen, unwissenden, Unsinn schmierenden, die Köpfe durch beispiellosen hohlen Wortkram von Grund aus und auf immer desorganisierenden Philosophaster"[15]. Zu seinen Invektiven gehörten die Vokabeln „Tollhäuslergeschwätz" und „verderbliche wie verdummende Afterphilosophie"[16].

Heinrich Heine, der in Berlin Hegels Vorlesungen hörte und seine Bewunderung für ihn zeitlebens beibehielt – hatte er doch als Ausgleich zu seiner scharfen Rationalität stets eine gewisse Affinität zum Dunkel-Inkommensurablen –, ironisierte mehrfach dessen Unverständlichkeit. Der Geistesweltumsegler sei unerschrocken vorgedrungen bis zum

Eine Lektion

In einem Artikel der Süddeutschen Zeitung zu Hegels 150. Todestag hat Klaus Podak aufgezeigt, welche Denkanstrengungen notwendig sind, um Hegel zu verstehen, aber auch, dass bei gründlichem Vorgehen man zu einem plausiblen Ergebnis kommt. Ausgangspunkt war ihm ein Zitat aus Hegels „verrufenstem Buch", der „Wissenschaft der Logik", und zwar aus dem zweiten Band, der den Titel „Wissenschaft der subjectiven Logik oder die Lehre vom Begriff" trägt (1816). „Verrufen ist die Wissenschaft der Logik, weil sie so elend schwer ist; sie mutet wirklich zu, einmal auf dem Kopf zu gehen, oder, wie es in einer berühmten Formulierung Hegels heißt, ,die Gedanken Gottes vor der Schöpfung' zu denken. Ihr schlimmer Ruf hat dazu geführt, daß sie auch kaum noch studiert wird, und deshalb konnte es passieren, für unverständlich zu halten, was doch bloß schwierig ist."

Der Text lautet: „Das *Begreifen* eines Gegenstandes besteht in der Tat in nichts anderem, als daß Ich denselben sich zu *eigen* macht, ihn durchdringt und ihn in *seine eigene* Form, d.i. in die Allgemeinheit, welche unmittelbar *Bestimmtheit* oder Bestimmtheit, welche unmittelbar Allgemeinheit ist, bringt. Der Gegenstand in der Anschauung oder auch in der Vorstellung ist noch ein *Äußerliches, Fremdes.* Durch das Begreifen wird das *An- und Fürsichsein,* das er im Anschauen und Vorstellen hat, in ein Gesetztsein verwandelt; Ich durchdringt ihn *denkend.*"

Zum ersten Satz: Wenn man über eine Wiese gehe, mag Ärger aufkommen, dass man über Hunderte verschiedener Gräser und Blumen nichts weiß. Wird eine Pflanze benannt, z.B.: „Das da ist Wiesenschaumkraut!" – dann gibt es dieses Kraut nicht nur draußen, sondern es ist zu einer Bestimmung im Innern gekommen. Der Begriff wird zu einem Teil des Ich. Im Gehirn liegt jetzt eine doch irgendwie selbständige, geistige Wesenheit – der Begriff Wiesenschaumkraut – abrufbereit da. „Jetzt die andere Seite. Dieses Pflanzending da auf der Wiese hat einen Namen bekommen. Es ist gesagt worden, *was es ist.* Es hat zu seinem puren, äußerlichen Dasein den Begriff dazubekommen. Es ist als begriffenes Dasein zugleich geistig." Und ein Weiteres: „Indem es nun diese geistige Bestimmtheit – seinen begriffenen Namen – hat, ist es zugleich in eine Allgemeinheit aufgenommen: es ist nicht nur dieses da, sondern dieses Kraut überhaupt. Und jedes einzelne, bestimmte, das zu der Art gehört, jedes ist zugleich auch dies begriffene Allgemeine."

Zu den nächsten Sätzen: Dieses „Ding" da draußen auf der Wiese oder eine Bildvorstellung im Kopf bleibt unbegriffen, äußerlich und fremd. Den Ausdruck *An- und Fürsichsein* muß man naiv dahingehend verstehen, dass das „Ding" auf der Wiese unbetroffen vom Erkenntnisversuch bleibt. Indem man den Begriff setzt, macht man den begriffenen Gegenstand zu einem Gesetzten. Diese geistige Durchdringung ist genau der Vorgang, in dem das *Idealistischwerden* des Gegenstandes sich ausspricht.

Der Geist ist an der Arbeit: Er betreibt das Geistigwerden seiner Gegenstände – und füllt sich auf mit dem Konkreten. „Indem nun eine geistige Bestimmung als das Wesentliche herauskommt, hat der Geist sich in den Formen von Ich und Selbstbewußtsein wieder ein bißchen mehr zu etwas Konkretem gemacht. Er ist – in unserem Wiesenbeispiel – um die Bestimmung ‚Schaumkraut' reicher geworden."

Mit diesem *Gesetztsein* der Bestimmung ist die namenlose Unmittelbarkeit überwunden. „Man kann nun *sagen,* was es in Wahrheit *ist.* Man weiß. Und damit ist es erst ganz und objektiv, was es vorher nur unbekannt und unbegriffen war. ... Jetzt ist es zu etwas Bestimmtem geworden. Damit hat es erst seine volle Objektivität gewonnen. Denn wie soll etwas in vollem Sinne Objekt sein, wenn man es, ohne es irgendwie begriffen zu haben, gar nicht als solches anerkennen kann?" Objektivität ist für den Philosophen eine tätige Denkbestimmung. „Sie bedeutet, den Gegenstand als begriffenen, als benannten, als diesen dadurch bestimmten zu haben. Objektivität ist durchdachte Sachlichkeit. So wie wir auch sagen: Sei doch mal objektiv! *Bedenke,* was die Sache in Wirklichkeit ist."

(3) Bedenken der Wirklichkeit

I.4 Der Staatsphilosoph und seine Zwiespältigkeit

Heinrich Heine hatte für Hegels Unverständlichkeit eine Erklärung beziehungsweise Entschuldigung, wohl auf Grund seiner Sympathie für den so komplizierten Denker: Weil dieser wollte, „daß seine Philosophie im schützenden Schatten der Staatsgewalt ruhig gedeihe und mit dem Glauben der Kirche in keinen Kampf geriete, ehe sie hinlänglich ausgewachsen und stark" sei, so habe er, „dessen Geist am klarsten und dessen Doktrin am liberalsten war", sie in „so trüb scholastischer, verklausulierter Form" ausgesprochen, „daß nicht bloß die religiöse, sondern auch die politische Partei der Vergangenheit in ihm einen Verbündeten zu besitzen glaubte. Nur die Eingeweihten lächelten ob solchem Irrtum, und erst heute verstehen wir dieses Lächeln; damals waren wir jung und töricht und ungeduldig, und wie eiferten gegen Hegel."[18] Und an anderer Stelle heißt es: „Ich habe hinter dem Maestro gestanden, als er (seine Musik) komponierte, freilich in sehr undeutlichen und verschnörkelten Zeichen, damit nicht jeder sie entziffere – ich sah manchmal, wie er sich ängstlich umschaute, aus Furcht, man verstände ihn. Er liebte mich sehr, denn er war sicher, dass ich ihn nicht verriet."[19]

Heine spricht damit als einer der Ersten etwas aus, was seitdem immer wieder, vor allem von Linkshegelianern, vorgebracht wird. Der Philosoph, der an sich als Preußens Staatsphilosoph galt, habe seine Schwierigkeiten mit dem autokratisch regierenden Friedrich Wilhelm III. gehabt. Beim Vortrag in Kollegien argumentierte er anders und konkreter als beim Gedruckten, das er im Nebel seiner abstrakten Terminologie beließ; die Zensur war da machtlos: Die „Demagogenriecher" begriffen nicht, was selbst Hegels Schüler oft nicht verstanden.

Allerdings waren es nicht nur Camouflage und Missverständnisse, die Hegel zum Verfechter staatlicher Totalität machten. Der Staat, so in den „Grundlinien der Philosophie des Rechts", sei die Wirklichkeit der sittlichen Idee – „der sittliche Geist, als der offenbare, sich selbst deutliche, substantielle Wille, der sich denkt und weiß und das, was er weiß und insofern er es weiß, vollführt ... Der Staat ist als die Wirklichkeit des substantiellen Willens, die er in dem zu seiner Allgemeinheit erhobenen besondern Selbstbewußtsein hat, das an und für sich Vernünftige. Diese substantielle Einheit ist absoluter unbewegter Selbstzweck, in welchem die Freiheit zu ihrem höchsten Recht kommt, sowie dieser Endzweck das höchste Recht gegen die Einzelnen hat, deren höchste Pflicht es ist, Mitglieder des Staats zu sein."[20] Das war keineswegs vorsichtig „dunkel" formuliert, sondern explizite und expressis verbis Rechtfertigung für die bestehende Herrschaft und ihre Vasallen, den Bürger zum Untertan zu degradieren. Indem Recht, Sittlichkeit und Staat mit Wahrheit gleichgesetzt wurden, konnte der bestehende Staat sich als Erfüllung von dem betrachten, was möglicherweise nur als Postulat, als Idee, die es erst zu verwirklichen gälte, gemeint war.

Allerdings konnte man das berühmte Diktum Hegels (in der Vorrede zu den „Grundlinien der Philosophie des Rechts"): „Was vernünftig ist, das ist wirklich; und was wirklich ist, das ist vernünftig"[21] durchaus ambivalent deuten: Einerseits als „vernünftige Wirklichkeit", wie sie im Hier und Nun gegeben ist; („so soll denn diese Abhandlung, insofern sie die Staatswissenschaft enthält, nichts anders sein, als der Versuch, den Staat als ein in sich Vernünftiges zu begreifen

11

Wissenschaft der Logik.

Von

D. Ge. Wilh. Friedr. Hegel,

Professor und Rector am Königl. Bayerischen Gymnasium zu Nürnberg.

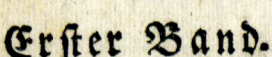

Erster Band.

Die objective Logik.

Nürnberg,
bey Johann Leonhard Schrag
1812.

und darzustellen. Als philosophische Schrift muß sie am entferntesten davon sein, einen Staat, wie er sein soll, konstruieren zu sollen; die Belehrung, die in ihr liegen kann, kann nicht darauf gehen, den Staat zu belehren, wie er sein soll, sondern vielmehr, wie er, das sittliche Universum, erkannt werden soll ... Hic Rhodos, hic saltus."[22]). Andererseits, dafür spricht der Kontext von Hegels Denken, war Wirklichkeit auch als ein Projekt zu begreifen, als eine in der Idee „vorausgeworfene" Möglichkeit von Wirklichkeit, eine noch nicht umgesetzte Wirklichkeit. Eine Wirklichkeit, die ist, oder eine, die sein soll – das machte bei einem Denker, der an die Wahrheit der Idee und deren unaufhaltsame Selbstverwirklichung glaubte, keinen wesentlichen Unterschied. Auch wo sie noch nicht „vernünftig" war, musste sie es werden.

Nach Egon Friedell ist Hegels berühmter und berüchtigter Ausspruch: „Was wirklich ist, das ist vernünftig, und was vernünftig ist, das ist wirklich" zumeist missverstanden worden. Er habe mit diesem Satz, der besonders von der Reaktion zu ihren Gunsten exploitiert worden sei, natürlich nicht gemeint, „daß jede Erscheinung schon einfach dadurch, daß sie da ist, sich als vernünftig legitimiert, womit jede Torheit, Lüge und Ungerechtigkeit als lebensberechtigt erklärt wäre, sondern gerade umgekehrt: daß alles Wirkliche vernünftig ist nur in dem besonderen geschichtlichen Zeitpunkt, wo es das Dasein tatsächlich beherrscht (wodurch gerade jede Art Reaktion als eine Unwirklichkeit und daher Unvernünftigkeit stigmatisiert ist) und daß nur das Vernünftige wirklich ist, das Unvernünftige aber ein bloßes Scheinwesen, ein Nichtseiendes, ein *me on*, wie Platon und die Platoniker die Materie nannten. Wollte man den Satz wörtlich nehmen, so würde er den Nonsens beinhalten: alles Unvernünftige ist vernünftig. Ja man könnte sogar behaupten, daß alles Wirkliche in dem Augenblick, wo es erkannt wird, also vernünftig geworden ist, aufgehört hat zu existieren. Die Menschheit pflegt nämlich alles Wirkliche erst dann ernst zu nehmen, wenn es nicht mehr ernst zu nehmen ist, wenn es eingelebt ist, was aber ganz dasselbe bedeutet wie ausgelebt, wenn es eine Institution, das heißt: rückständig geworden ist, denn Institutionen sind immer rückständig. Hegel betont selbst in seiner Geschichte der Philosophie, den Zeitgeist erkennen, heiße ihn entthronen: wenn das Rätsel der Sphinx gelöst sei, so stürze sich die Sphinx vom Felsen."[23]

Hegels jeweilige wahre Überzeugung ist vielfach nicht leicht zu eruieren. Denn obwohl „System" ein einheitlich geordnetes und geschlossenes Ganzes suggeriert, ist bei seinem System eindeutige Schlüssigkeit allein schon deshalb nicht gegeben, weil ein großer Teil seiner Theoreme und Philosopheme nicht direkt, durch authentische bzw. autorisierte eigene Veröffentlichungen vermittelt und überliefert sind, sondern nur durch Vorlesungsnachschriften seiner Schüler. Diese stellten eine heterogene Gruppe dar, so dass man zumindest für einen Teil von ihnen eine Goethe-Sentenz aus dem „Faust" abwandeln kann: „Was ihr den Geist von Hegel heißt, / das ist im Grund nur Euer eigener Geist." Noch mehr gilt das für Hegels spätere Exegeten bzw. Nachfahren, die sich auch nicht scheuen, seine Ideen in Ideologien zu verwandeln. Aus Nachschriften – davon gibt es rund hundert studentische – und aus hin-

Titelblatt von Hegels „Wissenschaft der Logik", Erstausgabenexemplar im Besitz der Stadtbibliothek Nürnberg; Archiv-Nummer 75-philos-8-100

terlassenen Manuskripten haben die „Hegelianer" etwas hergestellt, was sie jeweils für das „letzte Wort" des Meisterlehrers hielten. Das bedeutete meist Glättung, aber auch, gelegentlich, wie bei Hegels Ästhetik („Philosophie der Kunst"), ein „Aufrauhen" des offiziellen Textes.

„Die Gattung der Vorlesung war im Verlauf der Geschichte des deutschen Idealismus seit Fichte immer wichtiger geworden. Der Kanon der Schulphilosophie war gesprengt, die Professoren trugen, so sie es denn zu bieten hatten, Eigenes vor. In dem Maße aber, in dem Hegel seine Lehre für den Vortrag ‚eigentlich meist erst zu machen' hatte, war, was die Zuhörer erhielten, nicht die Entfaltung eines Systems, sondern der Versuch, Materialien und Denkmotive zu präsentieren, die in ein System zu gehören hätten. Entsprechend ändert Hegel von Vorlesung zu Vorlesung, nimmt manche Unstimmigkeiten wahr, lässt andere stehen."[24]

I.5 Weltentwicklung als Widerspruch

Hegels geistreiche und fruchtbare Methode ist die dialektische (Dialektik von griechisch dialegein: „auslesen"; als dialektike techne: „Kunst der Unterredung"). Sie beruht auf der Annahme, dass das Treibende in der Weltentwicklung der Widerspruch sei, der jeweils in die Einheit der Gegensätze einmünde. Von Goethe, der den Philosophen sehr schätzte, auch wenn er meinte, dass er ihn nicht verstehe, bei einem Teegespräch am 18. Oktober 1827 mit der Frage herausgefordert, was denn Dialektik bedeute, gab Hegel eine für ihn eher seltene einfache Antwort: „Es ist im Grunde nichts weiter, als der geregelte, methodisch ausgebildete Widerspruchsgeist, der jedem Menschen inwohnt und welche Gabe sich groß erweiset in Unterscheidung des Wahren vom Falschen." „Wenn nur" fiel Goethe ein, „solche geistigen Künste und Gewandtheiten nicht häufig gemißbraucht und dazu verwendet würden, um das Falsche wahr und das Wahre falsch zu machen!" „Dergleichen geschieht wohl", erwiderte Hegel, „aber nur von Leuten, die geistig krank sind." „Da lobe ich mir", sagte Goethe, „das Studium der Natur, das eine solche Krankheit nicht aufkommen läßt. Denn hier haben wir es mit dem unendlich und ewig Wahren zu tun, das jeden, der nicht daraus rein und ehrlich bei Beobachtung und Behandlung seines Gegenstandes verfährt, sogleich als unzulänglich verwirft. Auch bin ich gewiß, dass mancher dialektisch Kranke im Studium der Natur eine wohltätige Heilung finden könnte."[25]

Eine vereinfachte Hegelsche Dialektik steckt in der dreifachen Wurzel des Wortes „aufheben" (servare, negare, elevare): bewahren und erhalten; verneinen und überwinden; erhöhen und erheben. Allerdings wäre das für Hegels Denken zu einfach gewesen; es ist mit dem bekannten Zählschritt „These-Antithese-Synthese" nicht getan; (er stammt nicht von ihm). Auch die Abfolge „Ansich-Fürsich-Anundfürsich", der Begrifflichkeit des Philosophen schon mehr entsprechend, ist nicht ganz richtig. „Schuld an dieser Zähl-Misere ist neben Hegels ständigem uneinheitlichem Gebrauch seiner Begriffe vor allem die vermeintliche Notwendigkeit, den 4 bis 5 Denkschritten (Ansich, 1. Negation, 2. Negation, Einheit, Setzung dieser Einheit als neues Ansich) eine 3-Zahl aufzupressen."[26]

Titelseite der Dissertation von Georg Friedrich Wilhelm Hegel; Handschriftenabteilung der Staatsbibliothek zu Berlin - BPK, Arch.-Nr. 10009118

DISSERTATIONI PHILOSOPHICAE
DE
ORBITIS PLANETARVM

PRAEMISSAE THESES,
QVAS
RECTORE ACADEMIAE MAGNIFICENTISSIMO
SERENISSIMO PRINCIPE AC DOMINO
DOMINO
CAROLO AVGVSTO
DVCE SAXONIAE IVLIACI CLIVIAE MONTIVM
ANGARIAE ET GVESTPHALIAE REL.

CONSENTIENTE
AMPLISSIMO PHILOSOPHORVM ORDINE
PRO LICENTIA DOCENDI
RITE OBTINENDA
PVBLICE DEFENDET
DIE XXVII. AVG. A. cIɔIɔcccI.
GE. WILH. FRID. HEGEL
PHILOSOPHIAE DOCTOR
SOCIO ASSVMTO
CAROLO SCHELLING
WIRTEMB.

IENAE
TYPIS PRAGERI ET SOC.

Die konkreten Bestandteile des dialektischen Denkens originär Hegel lauten:
„*An-sich-Sein*: Das Vorhandensein; das Sein in seinem einfachen Bestehen; das in sich ruhende Sein; das, was ohne Reflexion mit sich eins ist; Dinge, die von Natur aus sind (Baum, Stein, auch Tiere); das Wesen der Dinge.

Für-andere-Sein: Das Anders-sein gegenüber dem An-sich, ohne daß das An-sich falsch wird; die erste Negation des An-sich-Seins; die Erscheinung der Dinge.

Für-sich-Sein:Diese Negation wird wiederum verneint (zweite Negation): das negierte An-sich und dessen negierter Gegensatz (Für-anderes) werden vom Wissen erfaßt und fließen in eine Einheit zusammen. Das Für-sich-Sein ist sowohl Negation als auch resultierende Einheit des Wissens im Begriff; es ist das, was vom Wissen erfasst ist, als ob der Gegenstand ein Subjekt ist; das, was in der Welt ist, im Lichte des Wissens; das vom Subjekt ergriffene An-sich.

An-und-für-sich-Sein: Selten vorkommend, die Bedeutung schwankt zwischen dem Für-sich-Sein, das als neues An-sich gesetzt wird, bis hin zur ‚geistigen Substanz'."27)

1.6 Theodizee und Zerrissenheit

Hegels Denksystem und die Art, wie er es, trotz der Hervorhebung des „dialektischen Prinzips", ohne besondere Offenheit für Diskurse vermittelt, wirken oft apodiktisch; dementsprechend galt er auch auf dem Höhepunkt seines Ruhmes in Berlin als autoritativer Praeceptor Germaniae. Selbst wo er etwa „aufgelockert" erscheint, gerade durch seine vielen Bonmots, gleiche er, so Egon Friedell, einem Lehrer, der hier und da den Unterricht durch einen Scherz würze, aber nicht erlaube, dass die Klasse lache. Die frostige, abweisende Attitüde ist jedoch nur die eine Seite seines Wesens; die andere hat Friedrich Heer sehr einfühlend beschrieben: „Große, weit offene Augen; die Augen eines großen Kindes, eines genialen Kindes, das, wie im Biedermeier nicht selten, Züge des Kindhaften und des Greisenhaften vereint: so sieht uns Hegel heute noch an auf dem bekannten Stich. Der Mund, der breite, genußfähige Mund (wie gern aß und trank er in Bamberg und Nürnberg, in Frankfurt und Bern und Berlin) verrät in den harten Falten, die ihn umziehen, etwas vom tiefen Leid, dessen sich Hegel immer bewusst war, das er aber nur selten verrät; der Dreizehnjährige wird erschüttert durch den Tod der Mutter; noch wenige Wochen vor seinem eigenen Tod gedenkt er des Todes seiner einzigen Tochter, seines ersten Kindes, das bald nach der Geburt starb; oft entrang sich, wie seine liebe Frau Marie nach seinem Tod berichtet, ein Stoßseufzer seiner Brust: ‚Wer von Gott dazu verdammt ist, ein Philosoph zu sein…!' Die Augen, die großen, weit offenen, manchmal etwas angestrengt und überanstrengt sehenden Augen bekunden aber das archaische Vertrauen, das diesen letzten großen Denker Alteuropas prägt. Es ist Selbstvertrauen des denkenden und des glaubenden Menschen, ist Seinsvertrauen, ist ein Wissen und Glauben, daß im Abgrund des Seins und der Schöpfung, dort, wo ‚Gut' und ‚Böse', Bitteres und Süßes, wo Freude und Schmerz, Leben und Tod, noch miteinander und ineinander hausen, alles gut ist."28) Die Grundüberzeugung Hegels von der Welt als Theodizee (als der besten aller möglichen Welten) ist eben einem bis zur Hypochondrie reichenden Zweifel abgerungen.

Zum Einen bestand bei ihm eine Tendenz zur Aggressivität; sie richtete sich

Wilhelm Hensel: Porträt Hegel (1829); Abdruck mit frdl. Genehmigung des Staatsarchivs Nürnberg, AZ 20080047-520-I-Schr

etwa gegen seine Konkurrenten; der Philosoph des Widerspruchs konnte kaum Widerspruch ertragen. So apostrophierte er zum Beispiel Skeptiker und kritische Denker als Barbaren, die eine „thierische Unwissenheit vor Gott", verbunden mit Eitelkeit, Eigendünkel, Seichtigkeit und Hochmut zeigten. Zum Anderen ist Hegel geprägt von dem „unglücklichen Zustand des Zerfallenseins mit sich selbst". Im Paragraphen 396 der „Enzyklopädie der philosophischen Wissenschaften im Grundriß" (1817, verändert und erweitert 1827 und 1830) heißt es, dass der Hypochondrie nicht leicht jemand entgehe. „Je später der Mensch von ihr befallen wird, um so bedenklicher sind ihre Symptome ... In dieser krankhaften Stimmung will der Mensch seine Subjektivität nicht aufgeben, vermag den Widerwillen gegen die Wirklichkeit nicht zu überwinden und befindet sich eben dadurch in dem Zustand relativer Unfähigkeit, die leicht zu einer wirklichen Unfähigkeit wird. Will daher der Mensch nicht untergehen, so muß er die Welt als eine selbständige, im wesentlichen fertige anerkennen."[29] Die bittere Erfahrung der inneren Zerrissenheit nannte Hegel „unglückliches Bewusstsein". Nicht irgendein Unglück im Ablauf eines Lebens ist die Ursache dafür; sie gehört zum Wesen des Menschen. Im letzten Sinn ist das „unglückliche Bewusstsein" das Bewusstsein von der Endlichkeit des Ichs.

> **Die bittere Erfahrung der inneren Zerrissenheit**
>
> Im Skeptizismus erfährt das Bewußtsein in Wahrheit sich als ein in sich selbst widersprechendes Bewußtsein; es geht aus dieser Erfahrung eine neue Gestalt hervor, welche die zwei Gedanken zusammenbringt, die der Skeptizismus auseinanderhält. Die Gedankenlosigkeit des Skeptizismus über sich selbst muß verschwinden, weil es in der Tat *ein* Bewußtsein ist, welches diese beiden Weisen an ihm hat. Diese neue Gestalt ist hierdurch ein solches, welches für sich das gedoppelte Bewußtsein seiner, als des sich befreienden, unwandelbaren und sichselbstgleichen und seiner als des absolut sich verwirrenden und verkehrenden – und das Bewußtsein dieses seines Widerspruchs ist. – Im Stoizismus ist das Selbstbewußtsein die einfache Freiheit seiner selbst; im Skeptizismus realisiert sie sich, vernichtet die andere Seite des bestimmten Daseins, aber verdoppelt sich vielmehr und ist sich nun ein Zweifaches. Hiedurch ist die Verdopplung, welche früher an zwei Einzelne, an den Herrn und den Knecht, sich verteilte, in Eines eingekehrt; die Verdopplung des Selbstbewußtseins in sich selbst, welche im Begriffe des Geistes wesentlich ist, ist hiemit vorhanden, aber noch nicht ihre Einheit, und das unglückliche Bewußtsein ist das Bewußtsein seiner als des gedoppelten nur widersprechenden Wesens.

(4) Hegel über Skeptizismus

Für den Psychoanalytiker Arnold Künzli liegt in einer solchen Deutung sogar der Schlüssel zu Hegels Philosophie. So wie Sigmund Freud, den Hegel damit vorweggenommen habe, die Unfähigkeit seiner neurotischen Patienten, sich in der Wirklichkeit zu behaupten, dadurch zu beheben suchte, dass er sie durch die Beseitigung ihrer inneren Konflikte mit der gegebenen Wirklichkeit versöhnte, so wisse auch Hegel keinen anderen Ausweg aus seiner „krankhaften Stimmung", als – freilich ohne psychoanalytische Beseitigung der inneren Konflikte – die bestehende Welt und Wirklichkeit als eine im Wesentlichen fertige, so sein sollende anzuerkennen. „Die elementare Angst vor dem analytischen Verstand, die schlechthin unfaßbare Gewissheit, das Absolute erkannt zu haben, die absolute Weigerung, diese Prämisse je in Frage zu stellen und die affektgeladene Diffamierung all derer, die dies taten, verraten, zusammen mit Hypochondrie und Philisterexistenz, daß Hegels Metaphysik in einem Zusammenhang steht mit seiner psychischen Situation und ihr auch eine individual-psychische durch unbewußte psychische ‚Interessen' bedingte Funktion zukommt. Hegel war mit einer geistigen Potenz begabt, die gültig zu charakterisieren einem die Adjektive fehlen. Sein geistiges Werk ist eines der imponierendsten der ganzen Geistesgeschichte. Daß eine so unfaßbare Potenz des Intellekts schon infolge der durch sie verursachten einseitigen Verlagerung der Gewichte innerhalb der psychischen Struktur der Gesamtperson eine schwere Belastung, und das heißt Gefährdung der psychischen Integrität darstellt, erscheint evident. Berücksichtigt man diesen Sachverhalt, so ließe sich vielleicht das Philisterhafte an Hegels Leben als ein unbewußter Versuch deuten, durch eine pedantische Ordnung des ‚vitalen' Existenzbereichs und durch eine Immunisierung gegen alle Unruhe, Aufregungen, Experimente, Zweifel, Konflikte, die ein in der Praxis engagiertes Leben mit sich bringt, diesen Bereich des Vitalen zu neutralisieren und so seine Gesamtexistenz vor der tödlichen Gefährdung durch die ungeheure Unruhe und Dynamik der Geistesexistenz zu schützen."[30)]

Für Hegel, der Leben als ein Einüben in den Tod begriff, bedeutet Sterblichkeit zwar das Ende von Leben, aber nicht dessen Vollendung. Diese liege in der Liebe. Damit kommt wieder Hegels aus der Melancholie aufsteigende und diese überwindende Lebensbejahung zur Geltung. Die Liebe nimmt dem Tod den Stachel, d.h. überwindet die vollständige Negation. So ist es auch charakteristisch für ihn, dass er im Besonderen in der Liebe das dialektische Prinzip wirksam sieht. Da ist ein Mensch, ein einzelnes Ich, das liebt. Bislang ruhte seine Persönlichkeit in sich selbst. Es bejaht sich und begreift sich als Selbstsetzung. In der Liebe tritt der Betroffene aus sich heraus, vergisst sich und gibt sich in der to-

talen Hingabe auf. Er verneint damit sein ursprüngliches Ich. Aber die Negation, die fatale Folgen wie Hörigkeit oder ein tragisches Ende haben könnte, wird wiederum aufgehoben: In der Hingabe an den geliebten Menschen findet der Liebende zu sich selbst zurück; er erfährt sich als Selbst ganz neu, er sieht sich im

Anderen und stößt dabei zu einer ungewohnten Tiefe seiner Existenz und des Seins überhaupt vor.[31]

I.7 Ein philosophischer Bildungsroman

Will man in das gewaltige, auch für philosophisch geschulte Leser und Leserinnen zunächst schroff abweisende Gedankenmassiv Hegels etwas tiefer eindringen, so ist die „Phänomenologie des Geistes" ein zwar besonders schwieriger, aber auch gut geeigneter Erkundungsbereich: weil, so versichern viele Experten, in diesem Werk eigentlich schon der „ganze Hegel" enthalten sei. „Was die Phänomenologie des Geistes mit ihren ungestüm ans Licht drängenden und über den gewohnten philosophischen Vorstellungsbereich weit hinausstoßenden Gedankenmassen geleistet hat, läßt sich nicht einmal annähernd andeuten; es ‚war bis dahin noch niemals und ist seitdem nicht mehr unternommen worden' (Richard Kroner). Hegel hat selbst bescheiden als Thema das ‚werdende Wissen' bezeichnet oder auch die ‚Erfahrung, die das Bewußtsein macht' – Erfahrung hier allerdings nicht erkenntnistheoretisch verengt, sondern alles umfassend, was dem Menschen als Erfahrung seines Lebens begegnet. Deshalb finden wir in der Phänomenologie in dichter Folge Kapitel über Herrschaft und Knechtschaft, über das unglückliche Bewußtsein, über die Tugend und den Weltlauf, über das Gesetz des Herzens und den Wahnsinn des Eigendünkels, über die sittliche Welt, die Schuld und die Schönheit, über den Glauben und die Aufklärung."[32]

Die Vernunft des Menschen, dessen Zu-sich-Kommen Hegel zum Thema hat, bedeute nicht nur empirisches Einzelbewusstsein, sondern auch und zumal sittlicher und religiöser Geist in Gemeinschaft und geschichtlicher Überlieferung: Der einzelne Mensch werde nur er selbst im Mit-gehen mit dem Schicksalsweg der Menschheit. Insofern gleicht das Werk einem „Fahrtenbuch der Odyssee des Geistes schlechthin, welcher der Geist des einzelnen wie aller ist – im Durchgang durch die verschiedensten, enger oder weiter greifenden Vermittlungsstationen seiner Lebens- und Weltgestalten." Die „Phänomenologie" kann man so als Transposition der individuellen Bildungsromane der Zeit, wie Johann Wolfgang Goethes „Wilhelm Meister" (1829), in die philosophische Großdimension des menschlichen Bewusstseins überhaupt bezeichnen.[33]

> **Die Bildung zur Gemeinschaft**
>
> Die Bildung Wilhelm Meisters besteht letztlich in der Wandlung vom extremen Individualisten zum Glied der Gemeinschaft; nur dadurch verwirkliche sich der Mensch. Für den Goethe des Sozietäts-Ideals war das Individuum eine Idee, Gemeinschaft aber eine Realität; Kunst wurde ihm immer mehr zum ästhetischen Schein; praktische Tätigkeit galt ihm als die eigentliche Aufgabe des Menschen: „Suchet überall zu nützen, überall seid ihr zu Hause ... Und dein Streben, sei's in Liebe, / Und dein Leben sei die Tat ..." Wilhelm Meister beginnt als Schauspielschüler und findet eine Erfüllung als Arzt; er löst sich vom Bürgertum, um zum Bürgertum zurückzukehren. Nun ist er durch seinen Weg, der viele Irrwege einschloss, vor jedem Philistertum bewahrt. Das Erlebnis hat ihn die Ehrfurcht gelehrt, die sein Sohn (Felix, der Glückliche) ohne Umwege, leichter und schneller in der „Pädagogischen Provinz" lernen

der Gemeinschaft auf Leben, Glück und Wohlstand finde – der Ausdruck einer Resignation, die den Aufruf zu neuer Energie und Leistung nach einem gewandelten Ziele einschloss.

(5) H.G. zu „Wilhelm Meister"

Johann Wolfgang von Goethe (1749-1832)

kann: Ehrfurcht vor dem, was über uns ist, und vor dem, was vor dem Menschen liegt. „Nun steht er stark und kühn, nicht etwa selbstisch vereinzelt; nur in Verbindung mit seinesgleichen macht er Front gegen die Welt." Damit ist „der Mensch nach allen Seiten zu ein Mensch". Goethe bezog in seinen Humanitätsbegriff das Ideal der Gemeinschaft mit ein und fasste es ins Symbol der Neuen Welt. Die Beschäftigung mit Amerika, in das die Gesellschaft der Handwerker auswandern will, durchzieht die letzten Bücher des Romans. Wenn Goethe seinem Werk den Untertitel „Die Entsagenden" gab, so war dies der Ausdruck seiner Ahnung, dass eine neue Epoche der Weltgeschichte im Zeichen Amerikas heraufziehe, in der die absolute Freiheit des Individuums ihre entscheidende Begrenzung im Recht

Das Ziel der „Phänomenologie" sei – so Hegel selbst in der „Vorrede" –, das Werden der Wissenschaft überhaupt oder des Wissens darzustellen. „Das Wissen, wie es zuerst ist, oder der unmittelbare Geist ist das Geistlose, das sinnliche Bewußtsein. Um zum eigentlichen Wissen zu werden, oder das Element der Wissenschaft, das ihr reiner Begriff selbst ist, zu erzeugen, hat es sich durch einen langen Weg hindurch zu arbeiten. … Der Einzelne muß auch dem Inhalte nach die Bildungsstufen des allgemeinen Geistes durchlaufen, aber als vom Geiste schon abgelegte Gestalten, als Stufen eines Wegs, der ausgearbeitet und geebnet ist; so sehen wir in Ansehung der Kenntnisse das, was in frühern Zeitaltern den reifen Geist der Männer beschäftigte, zu Kenntnissen, Übungen und selbst Spielen des Knabensalters herabgesunken und werden in dem pädagogischen Fortschreiten die wie im Schattenrisse nachgezeichnete Geschichte der Bildung der Welt erkennen. Dies vergangne Dasein ist bereits erworbnes Eigentum des allgemeinen Geistes, der die Substanz des Individuums und so ihm äußerlich erscheinend seine unorganische Natur ausmacht. – Die Bildung in dieser Rücksicht besteht, von der Seite des Individuums aus betrachtet, darin, daß es dies Vorhandne erwerbe, seine unorganische Natur in sich zehre und für sich in Besitz nehme. Dies ist aber von der Seite des allgemeinen Geistes als der Substanz nichts anders, als daß diese sich ihr

Die Berliner Universität, um 1830

Selbstbewußtsein gibt, ihr Werden und ihre Reflexion in sich hervorbringt."[34)]

Nun ist die Überzeugung, dass der Mensch als Individuum wie als Gattung sich Stufe um Stufe zur Vervollkommnung weiterentwickelt, also ein Wissender und Weiser werde, Allgemeingut des aus der Aufklärung hervorgehenden Idealismus. Viel anschaulicher als Hegel hat dies etwa Friedrich Schiller in seiner Antrittsrede als Professor der Geschichte an der Universität Jena 1789 (wie Hegel inspiriert von der Französischen Revolution als einem Fanal des humanen Fortschritts) formuliert: „Unser menschliches Jahrhundert herbeizuführen, haben sich – ohne es zu wissen oder zu erzielen – alle vorhergehenden Zeitalter angestrengt. Unser sind alle Schätze, welche Fleiß und Genie, Vernunft und Erfahrung im langen Alter der Welt endlich heimgebracht haben. Aus der Geschichte erst werden Sie lernen, einen Wert auf die Güter zu legen, denen Gewohnheit und unangefochtener Besitz so gern unsre Dankbarkeit rauben: kostbare teure Güter, an denen das Blut der Besten und Edelsten klebt, die durch die schwere Arbeit so vieler Generationen haben errungen werden müssen! Und welcher unter Ihnen, bei dem sich ein heller Geist mit einem empfindenden Herzen gattet, könnte dieser hohen Verpflichtung eingedenk sein, ohne daß sich ein stiller Wunsch in ihm regte, an das kommende Geschlecht die Schuld zu entrichten, die er dem vergangenen nicht mehr abtragen kann? Ein edles Verlangen muß in uns entglühen, zu dem reichen Vermächtnis von Wahrheit, Sittlichkeit und Freiheit, das wir von der Vorwelt überkamen und reich vermehrt an die Folgewelt wieder abgeben müssen, auch aus unsern Mitteln einen Beitrag zu legen und an dieser unvergänglichen Kette, die durch alle Menschengeschlechter sich windet, unser fliehendes Dasein zu befestigen. Wie verschieden auch die Bestimmung sei, die in der bürgerlichen Gesellschaft Sie erwartet – etwas dazusteuern können Sie alle! Jedem Verdienst ist eine Bahn zur Unsterblich-

keit aufgetan, zu der wahren Unsterblichkeit, meine ich, wo die Tat lebt und weiter eilt, wenn auch der Name ihres Urhebers hinter ihr zurückbleiben sollte."[35)]
„Phänomenologie" bedeutet „Wissenschaft von den sich dialektisch entwickelnden Erscheinungen der Gestalten des (absoluten) Geistes und Wissenschaft der Erfahrung des Bewußtseins". Diese lexikalische Definition aus dem Duden ist dort mit dem Hinweis auf Hegel versehen. Dann folgt, mit Hinweis auf Nicolai Hartmann, eine zweite Erklärung: „Streng objektive Aufzeigung und Beschreibung des Gegebenen, der Phänomene" (also des Erscheinenden, sich den Sinnen Zeigenden). Schließlich wird noch eine dritte Bestimmung, bezogen auf den Philosophen Edmund Husserl (1859-1938), herangezogen: „Wissenschaft, Lehre, die von der geistigen Anschauung des Wesens der Gegenstände oder Sachverhalte ausgeht und die geistig-intuitive Wesensschau anstelle rationaler Erkenntnis vertritt."

Hegelianisch sind eigentlich auch die Deutungen von „Phänomenologie" durch Hartmann und Husserl. Denn Hegel hat immer großen Wert auf die Feststellung gelegt, dass sein Philosophieren frei sei vom willkürlichen Spekulieren und von der Verachtung der Tatsachen zugunsten dogmatischer Systemkonstruktion. „Hegels Philosophie ist nicht aus dem Kopf erdacht, nicht aus bloßen Begriffen herausgesponnen, sondern sie ist erwachsen aus dem langen und geduldigen, nie nachlassenden Bemühen, die konkreten Gehalte der Weltwirklichkeit zu erschließen. Zu keiner Zeit ist für Hegel Erkenntnis ein selbstherrliches Hervorbringen. Stets hat er es für die Aufgabe der Philosophie gehalten, wider alle ‚Ungeduld von außen einfallender Reflexion' die Entwicklung der Sache selbst hervortreten zu lassen. Es war seine bleibende Forderung, alles bloße Meinen aufzugeben und sich ganz in die inhaltlich, Gegebenheiten zu versenken, nur ihren Logos im Denken walten zu lassen."[36)]

Und Hegel (gewissermaßen Husserl vorwegnehmend) relativiert die Bedeutung von Rationalität für Erkenntnis. Aber nicht intuitive Wesensschau tritt bei ihm an die Stelle von Rationalität, sondern eine das Wesen der Dinge und ihr Transzendieren aufs „Ganze" hin erfassende („umfassende") „Vernunft". Dabei wird das „Analysieren" durchaus als Vorstufe auf dem Weg zur Vernunft gewürdigt, weil es das „Bekanntsein" aufhebt – wird doch das Bekannte, weil es bekannt ist, nicht erkannt. „Das Analysieren einer Vorstellung, wie es sonst getrieben worden, war schon nichts anderes als das Aufheben der Form ihres Bekanntseins. Eine Vorstellung in ihre ursprünglichen Elemente auseinanderlegen, ist das Zurückgehen zu ihren Momenten; die wenigstens nicht die Form der vorgefundenen Vorstellung haben, sondern das unmittelbare Eigentum des Selbsts ausmachen. Diese Analyse kommt zwar nur zu Gedanken, welche selbst bekannte, feste und ruhende Bestimmungen sind. Aber ein wesentliches Moment ist dies Geschiedne, Unwirkliche selbst; denn nur darum, daß das Konkrete sich scheidet und zum Unwirklichen macht, ist es das sich Bewegende. Die Tätigkeit des Scheidens ist die Kraft und Arbeit des Verstandes."[37)]

Die erfassende umfassende Vernunft mit dem Anspruch, „alle Realität zu sein", benennt Hegel nach dem griechischen Philosophen Anaxagoras mit „Nus" („Nous"), das heißt die Natur des Daseins als Eidos oder Idea begreifend.[38)] Nicht als „Glaube", sondern als „Wissen", wie es durch das reine Denken erworben werde. „Was in der Religion nur Form des Vorstellens war, ist jetzt in der

letzten Gestalt des Geistes Form des Selbst. Diese letzte Gestalt ist das absolute Wissen, und die Form der Selbst ist der Begriff, der sich als Wissenschaft aus allen anderen Stufen des Bewusstseins erhebt."[39] Mit Hegels Worten, die „Phänomenologie des Geistes" beschließend – die Verse am Ende stammen aus Friedrich Schillers Gedicht „Die Freundschaft" –: „Das Ziel, das absolute Wissen, oder der sich als Geist wissende Geist hat zu seinem Wege die Erinnerung der Geister, wie sie an ihnen selbst sind und die Organisation ihres Reiches vollbringen. Ihre Aufbewahrung nach der Seite ihres freien in der Form der Zufälligkeit erscheinenden Daseins, ist die Geschichte, nach der Seite ihrer begriffnen Organisation aber die Wissenschaft des erscheinenden Wissens; beide zusammen, die begriffne Geschichte, bilden die Erinnerung und die Schädelstätte des absoluten Geistes, die Wirklichkeit, Wahrheit und Gewissheit seines Throns, ohne den er das leblose Einsame wäre; nur –
aus dem Kelche dieses Geisterreiches schäumt ihm seine Unendlichkeit."[40]

Weniger pathetisch nannte Hegel in seinen „Vorlesungen zur Geschichte der Philosophie" den Weltgeist einen „Maulwurf": Auf sein Drängen, wenn er im Innern fortwühlt, „haben wir zu hören und ihm Wirklichkeit zu verschaffen"[41].

Das gigantische Unterfangen Hegels, phänomenologisch, also von den Erscheinungen ausgehend, das Ganze als das Wahre, das Wahre als das Ganze erfassen zu können – was die Welt im Innersten zusammenhält –, kann man vom heutigen Wissenstandpunkt aus auch als gigantomanisch bezeichnen. Vielleicht war ein solcher Versuch der erkenntnistheoretischen Hybris gerade noch im Übergang vom 18. ins 19. Jahrhundert möglich: Nämlich zu einer Zeit, da aufgrund des Optimismus der Aufklärung der Mensch als ein Wesen definiert wurde, das kraft seines Verstandes (sapere aude!) die Welt in der Fülle ihrer Erscheinungen ergründen und durchdringen könne; da – als zweite Renaissance – der Glaube an die Wissenschaften die Welt als Theodizee empfinden ließ; und da die Überzeugung von der Beherrschbarkeit des erreichbaren umfassenden Wissens noch nicht infrage gestellt wurde. Es war die Zeit, da Alexander von Humboldt die Welt als „Kosmos" (geordnetes Ganzes) verstehen zu können glaubte.

Allerdings ist Humboldt insofern ein Gegenpol zu Hegel, als er konkret und nicht nur prätentiös, auf empirische Weise und nicht nur durch die Anstrengung bzw. „Akrobatik" von Begrifflichkeit, Wissen im wahrsten Sinne des Wortes „dingfest" zu machen versuchte. Er war damit in seiner Arbeit und nicht nur in theoretischer Vorgabe ein universeller und universaler Phänomenologe, der sich Wissen mit großer Mühe weltweit, statt nur am Schreibtisch, erarbeitete, ehe er, und zwar ohne präzeptorialen Anspruch, dieses aufs Ganze (auf die Idee hin) zu deuten wagte. „1799 bis 1804 unternahm er die große, in der Wissenschaftsgeschichte berühmte Reise durch Südamerika, bereiste große Teile Europas und sogar Sibirien. Die dort gewonnenen Erkenntnisse hat er jahrzehntelang geordnet, strukturiert und in Buchform gebracht. Jedes Jahr schrieb er Briefe an Hunderte von Menschen – Freunde, Kollegen, Unbekannte. Am Ende seines Lebens hatte er mehr Briefe verfasst als Goethe, schätzungsweise 50.000. Ganze Adressbücher könnte man mit den Namen derjenigen füllen, mit denen er über viele Jahre und Jahrzehnte in Verbindung stand. Seit seiner Jugend schlief er kaum mehr als vier Stunden am Tag.

Georg Friedrich Wilhelm Hegel in seinem Arbeitszimmer; Lithographie nach einem Gemälde von Ludwig Sebbers (1804 - nach 1837); Abdruck mit frdl. Genehmigung des BPK, Arch.-Nr. 0000374

Der Rest: unentwegtes Suchen, Schreiben, Forschen, Sammeln, Sich-vorstellen, Bitten, Insistieren, Reisen, Vermessen, Ordnen ... Manches von dem, was ihn berühmt machte, wurde in späteren Zeiten übertroffen. Man stieg auf noch höhere Berge, trieb den wissenschaftlichen Fortschritt immer schneller voran, wurde immer spezialisierter in den Wissenschaftszweigen, von denen einige erst Humboldt entwickelt hatte. Trotzdem ist er unübertroffen in seinem Wagemut, seiner kühlen Analyse, seinen kühnen Gedankensprüngen, seiner allumfassenden Bildung und seinem Willen zur Wahrheit. Er war der Letzte seiner Art:

Nach ihm konnte niemand mehr behaupten, Kenntnis von nahezu allen Phänomenen der natürlichen Welt zu haben, und niemand vermochte mehr wie er ein Werk zu verfassen, in dem all diese Phänomene zusammengetragen und eingeordnet waren und das den unbescheidenen Namen ‚Kosmos' trug."[42]

Die zwei Jahrhunderte nach Hegel und Humboldt brachten eine geradezu explosive Zunahme des phänomenologischen (Erscheinungsformen wahrnehmenden), „verstehenden" (Gesetzmäßigkeiten erkennenden) und angewandten (die zivilisatorische Praxis bestimmenden) Wissens. Die erste industrielle Revolution mit Dampf, Elektrizität und Benzin ging über in die zweite: die digitale und genetische. Aber das „Ganze", der „Weltgeist", liegt ferner denn je. Angesichts der unendlichen Rätsel des Mikro- wie Makrokosmos gilt in steigendem Maße Goethes Feststellung: „mit dem Wissen wächst der Zweifel"; und auf hohem Niveau bleibt das „Ignoramus-Ignorabimus" („wir wissen nicht, wir werden nicht wissen") als unerbittliche „letzte Einsicht" des menschlichen Erkenntnisstrebens bestehen.

„Wüsst ich genau, wie dies Blatt
Aus seinem Zweig hervorkam.
Schwieg ich auf ewige Zeit still,
denn ich wüsste genug."
(Hugo von Hofmannsthal)

So wird Hegels Überzeugung, den „Weltgeist" erkannt zu haben, zumindest für nicht-hegelianische Agnostiker ins philosophische Kuriositätenkabinett abzustellen sein.

Wer hat noch einen Überblick?

Wer eigentlich hat angesichts der Fülle der im ausgehenden 20. Jahrhundert zu bewältigenden und im friedensgefährdenden Sinne existentiellen und grenzüberschreitenden Probleme noch den Überblick über ihre Gesamtheit und Komplexität? Von der Überbevölkerung bis zum Waldsterben? Von der Globalisierung bis zur Massenarbeitslosigkeit? Vom Welthunger bis zur Armutsmigration? Von der Klimaveränderung bis zum Ozonloch? Von der Desertifikation bis zum Artensterben? Vom kalkulierten Super-GAU bis zum Terrorismus mit Massenvernichtungsmitteln? Vom Krieg um Wasser bis zur ethnischen Säuberung? Vom Rüstungsexport bis zum Fundamentalismus? Von der Veränderung des Menschenbildes durch zivile Technologien bis hin zur Missachtung der Menschenwürde durch sogenannte „exotische" Waffen? Wer kennt die Vielschichtigkeit und Vernetztheit dieser und einer Vielzahl weiterer Gefahren und Probleme, ihrer Ursachen und ihrer Wechselwirkungen? Wer hat die Kraft, exponentielle Entwicklungen rechtzeitig zu stoppen? Wer kann gigantische Risiken und latente Katastrophen mit ihren voraussehbaren Folgen in ein rationales Kalkül für eine friedliche Gegenwart und Zukunft zusammenführen? Wer kann unter drastischem Zeitdruck die richtige Entscheidung fällen? Wer besitzt die Legitimation, über Grenzen hinweg zu entscheiden und zu handeln? Lässt sich das Knäuel der in- und miteinander verwobenen Probleme überhaupt noch gewaltlos entwirren, ohne noch größere Gefahren und Risiken heraufzubeschwören?

Das gesamte Wissen der Menschheit soll sich mittlerweile alle fünf bis sieben Jahre verdoppeln. In den letzten dreißig Jahren wurden mehr Informationen neu produziert als in den fünftausend Jahren zuvor. Jeden Tag werden weltweit eintausend Bücher publiziert und zwanzigtausend wissenschaftliche Aufsätze veröffentlicht. Eine Ausgabe der „New York Times" enthält heute mehr Informationen als sie jemand, der im siebzehnten Jahrhundert in England lebte, während seines gesamten Lebens zur Verfügung hatte. – Warum gleichwohl so viele offene Fragen? Warum so wenige oder keine Antworten?

Stehen wir am Vorabend von Destruktion und Vernichtung? Leben wir am Vorabend von Umbruch und Revolution? Was wird die nächste Zeit bringen? Die Apokalypse? Den friedlichen Bruch und Umbruch? Oder bleibt angesichts von Dilettantismus, Komplexität und Zeitknappheit nur noch das Durchschlagen des gordischen Knäuels, also das Schwert des Alexander?

(6) Lutz über die heutige Informationsverwirrung

Die Hegelianer freilich, die es, in viele „Schulen", Srömungen und Bewegungen aufgespalten bzw. zerspalten, in großer Anzahl in aller Welt gibt, sind von Hegels „Deutungshoheit" überzeugt. Vor allem in Deutschland. Freilich dürfte Friedrich Nietzsches Feststellung, dass die Deutschen Hegelianer seien, selbst wenn es nie einen Hegel gegeben hätte – weil sie „im Gegensatz zu allen Lateinern, dem Werden, der Entwicklung instinktiv einen tieferen Sinn und reicheren Wert zumessen, als dem, was ‚ist'"[43] –, so nicht mehr gelten; das So-Sein, der Status quo, ist den Bundesrepublikanern längst die liebste Daseinsform.

I.8 Hegel und die Folgen

Die jüngste Zeitgeschichte bot mit dem stalinistisch bestimmten Marxismus der DDR ein besonders abartiges Beispiel doktrinärer „Hegelei". Welche Absurdität dabei der Versuch „richtiger" Hegel-Deutung annahm, kann exemplarisch die Kontroverse beleuchten, die in den fünfziger Jahren die ostberliner „Deutsche Zeitschrift für Philosophie" betraf. Der SED-Funktionär Rugard Otto Gropp (1907 – 1976) – von den Nationalsozialisten verfolgt, dann in die UdSSR entflohen, gehörte er in der Anfangszeit der DDR zu den einflussreichsten Propagandisten des dialektischen Materialismus (DIAMAT) – hatte die Verfasser einer Reihe von marxistischen Arbeiten über Hegel, vor allem Georg Lukacs („Der junge Hegel - über die Beziehungen von Dialektik und Ökonomie", 1951) und Ernst Bloch („Subjekt – Objekt. Erläuterungen zu Hegel", 1951), als gefährliche Abweichler vom Weg der marxistisch-leninistischen Orthodoxie gebrandmarkt. Wolfgang Harich, mit Bloch bis 1956 Herausgeber der Zeitschrift, stellte die grobe Polemik Gropps zur Diskussion; die Auseinandersetzung erstreckte sich von 1954 bis 1956 und fand mit der Verhaftung Harichs ihr Ende. „Ein einzigartiges Kuriosum in der Geschichte der wissenschaftlichen Zeitschriftenpublikation stellt es dar, daß, nachdem bereits im November 1956 ein Teil der Auflage von Heft 5 des 4. Jg. mit einem überaus interessanten Beitrag Harichs über das Verhältnis des Marxismus zur Philosophie Hegels ausgeliefert worden war, einige Monate (im April 1957) später – ohne jede Erwähnung dieses Heftes – ein Doppelheft 5/6 von der inzwischen umgebildeten Redaktion vorgelegt wurde, dem gleichzeitig ein Jahresinhaltsverzeichnis beigeheftet war, in dem das den Harich-Aufsatz enthaltende Heft 5 einfach nicht genannt wird. Das Ersatz-Doppelheft schließt auch in der Paginierung unmittelbar an Heft 4 an." Auch andere Aufsätze fehlten. „An ihre Stelle waren Beiträge von Walter Ulbricht und Kurt Haber getreten, die einen kämpferischen Ton gegenüber den sogenannten Revisionisten anschlugen und eine neue Ära der Zeitschrift einleiten sollten."[44]

„Hegel Rector", vgl. S. 70

Die Adaption bzw. „Usurpation" Hegels – mit Bildung von „Schulen" – begann schon zu seinen Lebzeiten und war keineswegs auf den akademischen Bereich beschränkt. Zu seinen Vorlesungen kamen Dichter und Denker (wie etwa Heinrich Heine und Søren Kierkegaard), aber auch, wie er selbst mit gewissem Stolz vermerkt, „Majore, Obristen, Generäle, Geheimräte und Superintendenten".[45] Die Hegel-Gemeinde erweiterte sich in großem Maßstab; doch gab es auch Tiefpunkte. So sprach Karl Marx davon, dass man den größten Philosophen, den Deutschland je hervorgebracht hat, kaum zwanzig Jahre nach seinem Tod wie einen toten Hund behandle. Immer wieder kam es jedoch zu Hegel-Renaissancen, zum einen verknüpft mit Hegel-Gedenktagen, zum anderen, da Hegel-Gesellschaften verschiedener Provenienz dem Meister teils affirmativ, teils kritisch, aber stetig huldigten.

Als gemäßigte Hegelianer erwiesen sich solche, die Teilelemente seines Werkes übernahmen und für ihr Denken fruchtbar machten; diese sind allerdings überzeugt, dass eine „lupenreine" hegelianische Geschichtsauffassung heute nicht mehr möglich sei. Zudem sei sein „spekulativer Idealismus" am Ende. Andere Anhänger Hegels, und zwar solche, die ihn als unfehlbar auratisierten, vor allem aus dem kommunistischen Bereich (mit dem Massenmörder Stalin, der sich als Philosoph gerierte, an der Spitze) lassen sich mit einem Wort Hegels charakterisieren: „Die ganze Masse des Mittelmäßigen in seiner absoluten bleiernen Schwerkraft drückt ohne Rast und Versöhnung, solange bleiern fort, bis es das Höhere herunter, auf gleichem Niveau oder unter sich hat."[46]

Zu Hegels Wirkungsgeschichte

Sloterdijk: Hegels Position ist die letzte starke kontemplative Position in der Philosophiegeschichte. Das ist ziemlich merkwürdig, wenn man bedenkt, dass wir aus der Wirkungsgeschichte, vor allem auf dem linken Flügel ein völlig anderes Hegel-Bild mitbekommen haben. In dem herrscht der Terror des Realen, zu dem sich nach 1789, der Französischen Revolution, alle Militanten bekannt haben. Für sie heißt die

Devise: Der Krieg geht weiter.
SPIEGEL: Folgerichtig hieß es dann beim Jung-Hegelianer Karl Marx: Es komme nicht darauf an, die Welt zu interpretieren, sondern sie zu verändern. Hegel wurde aktivistisch gelesen. Auch Rudi Dutschke hatte ja das Gefühl, er hake den Weltgeist unter. Alles ein großes Missverständnis?

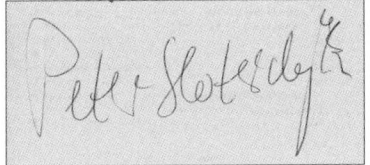

Autograph Peter Sloterdijks Gunzenhausen 24.2.1986

Sloterdijk: Für Dutschkes Hegel-Kenntnisse möchte man nicht die Hand ins Feuer legen. Hegel ist ja der letzte große Ireniker, das heißt ein Friedenslogiker, der am Sonntag des Lebens, am Sonntag der Weltgeschichte philosophiert. Es ist der siebente Tag, an dem Gott geruht hat, und die Sabbat-Ruhe Gottes teilt auch diese „letzte Philosophie". Hegel spricht das in seiner Antrittsvorlesung 1818 vor staunendem Berliner Publikum offen aus: Wenn Sie meine Vorlesung besuchen, dann nehmen Sie an jenen Sonntagen des Lebens teil, welche die eigentliche Erfüllung der Existenz bedeuten.
Safranski: Wobei man dazu sagen muss: Zugleich ist er in seiner Position auch ein Schlachtenbeobachter. Mit der Gelassenheit des Beobachtens durchquert er, wie er auch gern drastisch und sehr stark und pathetisch ausdrückt, die Schädelstätten des Geistes. Und in jenen Tagen gab es buchstäbliche Völkerschlachten...
SPIEGEL: Dazu sagt Hegel: Das ist sozusagen das notwendige Bewegungsgesetz des Weltgeistes. Menschenopfer müssen also in Kauf genommen werden?
Safranski: Schon im Denken geht es ja um Machtfragen, um Schlachten. Eines der genialsten Kapitel in der „Phänomenologie" ist ja das über Herr und Knecht. Da geht es nicht um Klassenkampf, sondern um Diskursbewegungen: Wenn zwei Bewusstseine sich treffen, gibt es unterschwellig immer einen Überlebenskampf. Das Bewusstsein A fühlt sich durch das Auftreten eines Bewusstseins B substantiell gefährdet. Jetzt schildert er diesen Kampf der Selbstbehauptung des Bewusstseins gegenüber dem fremden Bewusstsein. Es ist eine furiose Dynamik, die da losgetreten wird, die sich dann auf allen Ebenen der Geschichte natürlich wiederholt.
SPIEGEL: Ist da nicht, im Unterschied zu Kant, schon eine im Keim angelegte Inhumanität des Denkens? Hat Hegel unwillentlich die Gulags im Voraus legitimiert?
Sloterdijk: Für Gulags ist nur verantwortlich, der sie errichtet. Dennoch ist die Metapher vom Sonntag des Lebens alles andere als harmlos. Denn am Tag des Herrn tritt die Gemeinde an den Altar und bringt ihre Opfergaben dar. Safranski hat die Metapher von den Schädelstätten erwähnt – und wo Schädel liegen, da ist vom Leben nur ein knöchernes Resultat übrig. Hegel ist in der Tat der große Logiker des Opfers, weil er auf das absolute Resultat hinauswill. Man darf wohl sagen, in diesem Streben nach dem Ender-

gebnis verbirgt sich ein totalitäres Motiv.

SPIEGEL: Das hört sich nicht sehr menschenfreundlich an.

Sloterdijk: Der Mangel an Menschenfreundlichkeit, besser, der fehlende Respekt vor dem Individuum war für die Jung-Hegelianer ein wesentlicher Angriffspunkt. Zum Beispiel für Kierkegaard, der eine existentialistische Fundamentalopposition gegen Hegel aufbaute. Seine These lautet: Die Wahrheit ist nur im Einzelnen, das Allgemeine ist die Unwahrheit. Mit einem Mal stehen Kant und Kierkegaard auf derselben Seite der Barrikade, weil sie beide das Individuum nicht opfern wollen.

SPIEGEL: Es gibt einen inhärenten Optimismus in Hegels System, eine unbedingte Fortschrittsgläubigkeit: Der Weltgeist kommt zu sich selber, er schreitet unaufhaltsam voran. Heute ist das Weltgefühl doch eher verdüstert, der Geist, fürchten viele, weht bald über verbrannte Erde. Hat Hegel verloren?

Liessmann: Er hat gewonnen. Er hat doch immer vom Reich der Freiheit gesprochen, und dem sind wir nach dem Kollaps des Kommunismus doch näher gekommen – oder? Am Ende sollte bei Hegel jedenfalls die Entfaltung der Geschichte hin zur Freiheit stehen, wie er sie ja im bürgerlichen Rechtsstaat zumindest der Idee nach vollendet gesehen hat.

(7) Ein SPIEGEL-Gespräch rechtfertigt Hegel

Die herausragendste, eigenwilligste und auch geistreichste Wirkung übte Hegel auf Karl Marx aus und damit auf das von ihm und dann von seinen Schülern weiter entwickelte System der materialistischen Welterklärung. Das Verhältnis von Marx bzw. des Marxismus zu Hegel sei anschließend in seinen Grundzügen (Iring Fetscher folgend) in drei Bereichen vergleichend dargestellt: hinsichtlich der Geschichtsphilosophie, der Anthropologie und des Gemeinschaftsideals.[47]

Marx und Hegel stimmen in der geschichtsphilosophischen Grundüberzeugung überein, dass im Geschichtsprozess eine objektive Vernunft am Werke sei. „Der einzige Gedanke", so Hegel, „den die Philosophie mitbringt, ist der einfache Gedanke der Vernunft, daß die Vernunft die Welt beherrscht, daß es also auch in der Weltgeschichte vernünftig zugeht." Diese objektive Vernunft des Geschichtsprozesses realisiert sich aber nicht gradlinig und kontinuierlich, sondern auf dialektischem Wege, d.h. mit Hilfe von negativen Momenten, von Momenten, die, isoliert betrachtet, Unglück, Not, Entbehrung, also „Unvernünftiges" bedeuten, aber als Momente des Gesamtprozesses nichtsdestoweniger eine „vernünftige", notwendige und sinnvolle Funktion erfüllen. „So rechtfertigt Hegel etwa die Existenz der Kriege, weil sie die staatliche Gemeinschaft auf eine höhere Stufe der Einheit heben und die Tendenzen zur Isolierung der Individuen und zur Selbstsucht überwinden. Und entsprechend rechtfertigt Karl Marx die Epoche des Kapitalismus, weil sie – trotz aller Not und Verelendung des Proletariats – durch das grenzenlose Profitstreben zu einer gewaltigen Steigerung der Produktivkräfte führt, die eines Tages die Voraussetzung für die Überwindung der kapitalistischen Gesellschaft bilden wird. Das negative Moment wird dadurch gerechtfertigt, dass es über den unvollkommenen gegenwärtigen Zustand hinausdrängt und sich daher selbst ‚negiert'." Man kann sich da an Goethe erinnert fühlen, an die positive Dialektik, wie sie Mephistopheles im „Faust" vertritt – bezeichnet er sich doch als „ein Teil von jener Kraft / die stets das Böse will und stets das Gute schafft".

Während für Hegel der „Weltgeist" – bei ihm der abstrahierte, in die Sphäre des Unanschaulich-Unpersönlichen versetzte Gott – das Subjekt des Geschichtsprozesses ist und sich im Entwicklungsgang der Menschheit aufs adäquate Selbstbewusstsein hinbewegt, so dass der ganze Sinn der Geschichte letztlich gleichermaßen ein teleologischer wie theologischer ist, tritt bei Marx an die Stelle dieses Weltgeistes die menschliche Gesellschaft, die allmählich (dialektisch) zu einer Einheit wird. Der Sinn der Geschichte ist so bei Marx rein menschlich. Damit fällt freilich auch die „Sinngarantie" weg, die Hegel durch den spekulativ-theologischen Rahmen seines Systems zu geben sucht.

Während bei Hegel der Weltgeist mit Hilfe einzelner „Volksgeister" Stufe für Stufe im Gang der Entwicklung voranschreitet, bedient sich bei Marx die Menschheit dialektisch der großen Klassen, die als Träger des geschichtlichen Fortschritts erscheinen. Bei Hegel findet die Weltgeschichte im christlich-germanischen Volksgeist ihre Vollendung; bei Marx in der revolutionären Aktion des Proletariats. Ein großer Unterschied zwischen Hegel und Marx besteht darin, dass bei Ersterem die Philosophie erst auftaucht, wenn eine Gestalt des Lebens „alt" geworden ist, d.h. Geschichte als Sinndeutung immer erst wirklich wird, wenn die Geschichte abgeschlossen ist und nichts wesentlich Neues mehr bringt. „Um noch über das Belehren, wie die Welt sein soll, ein Wort zu sagen, so kommt dazu ohnehin

Karl Marx, kol. Photographie (um 1870)

die Philosophie immer zu spät. Als der Gedanke der Welt erscheint sie erst in der Zeit, nachdem die Wirklichkeit ihren Bildungsprozeß vollendet und sich fertig gemacht hat. Dies, was der Begriff lehrt, zeigt notwendig ebenso die Geschichte, daß erst in der Reife der Wirklichkeit das Ideale dem Realen gegenüber erscheint und jenes sich dieselbe Welt, in ihrer Substanz erfaßt, in Gestalt eines intellektuellen Reichs erbaut. Wenn die Philosophie ihr Grau in Grau malt, dann ist eine Gestalt des Lebens alt geworden, und mit Grau in Grau läßt sie sich nicht verjüngen, sondern nur erkennen; die Eule der Minerva beginnt erst mit der einbrechenden Dämmerung ihren Flug."

Marx glaubt, dass der entscheidende Schritt zur Vollendung der Entwicklung der Menschheit mit vollem Bewusstsein vollzogen und bereits im Voraus verstanden und vernünftig geplant werden kann. Das Selbstbewusstsein der revolutionären Klasse des Proletariats befähigt diese zur Aktion, d.h. zur selbstbewusst gewordenen „umwälzenden Praxis", wodurch Geschichte „vernünftig" wird. Die Menschen machen also ihre Geschichte und nicht ein erst post festum erscheinender Weltgeist. Marx' Denken zielt nicht eschatologisch auf das Endschicksal der Menschheit und der Welt, sondern auf das in dieser Welt geschichtlich zu verwirklichende Ziel: das Paradies auf Erden (als „präsentische Utopie").

Absage an die Spekulation

Ludwig Feuerbach veröffentlichte 1839 in den „Hallischen Jahrbüchern" eine „Kritik der Hegelschen Philosophie", worin er sich von der „rationellen Mystik" Hegels lossagt und eine Philosophie der Realität des Individuellen und der Natur fordert. In seinem Hauptwerk „Das Wesen des Christentums" (1841) streift er vollends „alles Metaphysische" ab und verwirft „die absolute, die immaterielle, die mit sich selbst zufriedene Spekulation, – die Spekulation, die ihren Stoff aus sich selbst schöpft". Prinzip seiner Philosophie soll nicht der absolute Geist, sondern der Mensch sein, „das Fleisch und Blut gewordene Resultat der bisherigen Philosophie". Feuerbach sieht seine Lehre als notwendigen Fortschritt, durch den die Wahrheit der Hegelschen Philosophie hervortritt und „aufgehoben" ist.

Den Kardinalsatz aus Hegels Religionsphilosophie („Der Mensch weiß nur von Gott, insofern Gott im Menschen von sich selbst weiß; dies Wissen ist Selbstbewußtsein Gottes, aber ebenso ein Wissen desselben vom Menschen, und dies Wissen

Erich Correns: Ludwig Feuerbach (1804-1872)

Gottes vom Menschen ist Wissen des Menschen von Gott; der Geist des Menschen, von Gott zu wissen, ist nur der Geist Gottes selbst") kehrt Feuerbach um und interpretiert ihn so: „Wenn, wie es in der Hegelschen Lehre heißt, das Bewußtsein des Menschen von Gott das Selbstbewußtsein Gottes ist, so ist ja per se das menschliche Bewußtsein göttliches Bewußtsein", das heißt, „das Wissen des Menschen von Gott ist das Wissen des Menschen von sich, von seinem eigenen Wesen". Das Wesen Gottes ist also da, wo das Bewußtsein Gottes ist – im Menschen. „Im Wesen Gottes wird dir nur dein eigenes Wesen Gegenstand, tritt nur vor dein Bewußtsein, was hinter deinem Bewußtsein liegt." Die Theologie geht somit ganz in der philosophischen Anthropologie auf. In den „Vorlesungen über das Wesen der Religion" sagt Feuerbach

Die Feuerbachs - Eine deutsche Familie im 19. Jahrhundert; Gunzenhausen 2005

noch deutlicher, was er will: den Menschen von der Illusion Gottes befreien, ihm die volle Freiheit wiedergeben und ihn zum wahren Menschen machen. „Der Zweck meiner Schriften, so auch meiner Vorlesungen ist, die Menschen aus Theologen zu Anthropologen, aus Theophilen zu Philanthropen, aus Candidaten des Jenseits zu Studenten des Diesseits, aus religiösen und politischen Kammerdienern der himmlischen und irdischen Monarchie und Aristokratie zu freien, selbstbewußten Bürgern der Erde zu machen." Und am Ende der letzten Vorlesung gibt Feuerbach dem Wunsche Ausdruck, seine Aufgabe nicht verfehlt zu haben, „die Aufgabe nämlich, sie aus Gottesfreunden zu Menschenfreunden, aus Gläubigen zu Denkern, aus Betern zu Arbeitern ... aus Christen, welche ihrem eigenen Bekenntnis und Geständnis zufolge *halb Tier, halb Engel* sind, zu *Menschen, zu ganzen Menschen* zu machen".

(8) Wiedmann über Feuerbachs Hegel-Kritik

Was die Anthropologie der beiden Denker betrifft, so war für Marx der Einfluss von Ludwig Feuerbach insofern von großer Bedeutung, als dieser eine Abkehr von Hegels Spiritualismus (Religiosität) vornahm. Aber beide, Hegel wie Marx, begreifen den Menschen als ein Wesen, das sich selbst erst zu dem machen muss, was es seiner Bestimmung nach ist. Dieser Prozess der „Vermenschlichung" des Menschen wird bei Hegel freilich in einen spekulativ-theologischen Rahmen eingespannt und erscheint als Erhebung des zunächst rein animalisch existierenden Menschen zum absoluten Geist. Es ist eine Erhebung, die, weil alle Wirklichkeit letztlich aus dem Geiste stammt und somit selbst Geist in seinem Anderssein ist, eine Rückkehr, eine Heimkehr des Geistes zu sich selbst bedeutet. Allerdings – und damit überwindet Hegel zumindest teilweise seine idealistische Spekulation – bewährt sich der Mensch erst in der Arbeit und durch die Arbeit; er gewinnt dadurch seine Naturüberlegenheit, d.h. seine konkrete, sich dinglich darstellende Menschlichkeit. Das Wesen der Arbeit besteht darin, dass ein Mensch dem bloß da-seienden Stück Natur, das er vor sich hat, seine Naturgestalt nimmt und eine Form gibt, die dem souveränen menschlichen Willen, dem Entwurf seines Kopfes entspricht.

Hegel hat diesen Vorgang der Vermenschlichung von vorneherein an eine bestimmte gesellschaftliche Situation gebunden: Nur der Knecht, der von einem Herrn abhängige und ihn fürchtende

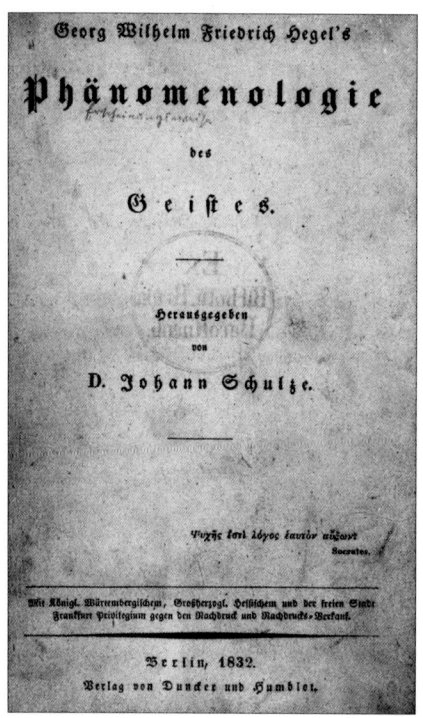

Titelseite der „Phänomenologie des Geistes"
BPK, Arch.-Nr. 10009119

Mensch, scheint bereit und fähig, seine Begierde, die geradewegs auf den Verzehr der Naturprodukte ausgeht, so weit zurückzudrängen, dass er auf unmittelbare Befriedigung verzichtet und den Gegenstand bloß bearbeitet. Diese Bearbeitung wird zunächst wirklich nicht als seine unmittelbare eigene Idee, sondern als die des Herrn Arbeit ist demnach „aufgeschobene Begierde, verzögerte Befriedigung". Der arbeitende Knecht bleibt auf dieser Entwicklungsstufe nicht stehen; der Anblick des von ihm Geleisteten lässt ihn allmählich zum Bewusstsein seiner Naturüberlegenheit gelangen und damit zum Selbstbewusstsein seiner Menschlichkeit und Freiheit erwachen, die bisher einzig und allein von dem souveränen Herrn repräsentiert zu sein schien. Er wird daher früher als später seine Sklaverei als unvereinbar mit seiner eigenen Menschlichkeit empfinden und sie abzustreifen suchen, um sich auf dem Gebiet der gesellschaftlichen Verhältnisse frei zu machen. Der Herr aber, der von der Dienstleistung der Knechte abhängig geworden ist und allein die Natur zu überwältigen vermag, kann auf die Dauer der Emanzipationsbestrebung des arbeitenden Knechts nicht widerstehen.

„Der Herr", so Hegel in der „Phänomenologie des Geistes", „ist das für sich sciende Bewußtsein, aber nicht mehr nur der Begriff desselben, sondern für sich seiendes Bewußtsein, welches durch ein anderes Bewußtsein mit sich vermittelt ist, nämlich durch ein solches, zu dessen Wesen es gehört, daß es mit selbständigem Sein oder der Dingheit überhaupt synthesiert ist. Der Herr bezieht sich auf diese beiden Momente, auf ein Ding, als solches, den Gegenstand der Begierde, und auf das Bewußtsein, dem die Dingheit das Wesentliche ist; und, indem er a) als Begriff des Selbstbewußtseins unmittelbare Beziehung des Für-sichseins ist, aber b) nunmehr zugleich als Vermittlung, oder als ein Für-sich-sein, welches nur durch ein Anderes für sich ist, so bezieht er sich a) unmittelbar auf beide, und b) mittelbar auf jedes durch das andere. Der Herr bezieht sich auf den Knecht mittelbar durch das selbständige Sein; denn eben hieran ist der Knecht gehalten; es ist seine Kette, von der er im Kampfe nicht abstrahieren konnte, und darum sich als unselbständig, seine Selbständigkeit in der Dingheit zu haben, erwies. Der Herr aber ist die Macht über dies Sein, denn er erwies im Kampfe, daß es ihm nur als ein Negatives gilt; indem er die Macht darüber, dies Sein aber die Macht über den Andern ist, so hat er in diesem Schlusse diesen andern unter sich. Ebenso bezieht sich der Herr mittelbar durch den Knecht auf das Ding; der Knecht bezieht sich, als Selbstbewußtsein überhaupt, auf das Ding auch negativ und hebt es auf; aber es ist zugleich selbständig für ihn, und er kann darum durch sein Negieren nicht bis zur Vernichtung mit ihm fertig werden, oder er bearbeitet es nur. Dem Herrn dagegen wird durch diese Vermittlung die unmittelbare Beziehung als die reine Negation desselben, oder der Genuß; was der Begierde nicht gelang, gelingt ihm, damit fertig zu werden, und im Genusse sich zu befriedigen. Der Begierde gelang dies nicht wegen der Selbständigkeit des Dinges; der Herr aber, der den Knecht zwischen es und sich eingeschoben, schließt sich dadurch nur mit der Unselbständigkeit des Dinges zusammen, und genießt es rein; die Seite der Selbständigkeit aber überläßt er dem Knechte, der es bearbeitet … Die Wahrheit des selbständigen Bewußtseins ist demnach das knechtische Bewußtsein. Dieses erscheint zwar zunächst außer sich und nicht als die Wahrheit des Selbstbewußtsein. Aber wie die Herrschaft zeigte, daß ihr Wesen das Verkehrte dessen ist, was sie sein will, so wird auch wohl die Knechtschaft vielmehr in ihrer Vollbringung zum Gegenteile dessen werden, was sie unmittelbar ist; sie wird als in sich zurückgedrängtes Bewußtsein in sich gehen, und zur wahren Selbständigkeit sich umkehren."[48]

Der Knecht verlässt den Herrn

Hof auf Puntila. Es ist früher Morgen. Matti kommt mit einem Koffer aus dem Haus. Laina folgt ihm mit einem Eßpaket.

LAINA Da, nehmens das Eßpaket, Matti. Ich versteh nicht, daß Sie weggehn. Wartens doch wenigstens, bis der Herr Puntila auf ist.

MATTI Das Erwachen riskier ich lieber nicht. Heut nacht hat er sich so besoffen, daß er mir gegen Morgen versprochen hat, er wird mir die Hälfte von seinem Wald überschreiben, und vor Zeugen. Wenn er das hört, ruft er diesmal die Polizei.

LAINA Aber wenns jetzt weggehen ohne Zeugnis, sinds ruiniert.

MATTI Aber was nützt mir ein Zeugnis, wo er entweder reinschreibt, ich bin ein Roter oder ich bin ein Mensch. Stellung krieg ich auf beides keine.

LAINA Nicht zurechtfinden wird er sich ohne Sie, weil er Sie gewohnt ist.

MATTI Er muß allein weitermachen. Ich hab genug. Nach der Sache mit dem Surkkala halt ich seine Vertraulichkeiten nicht mehr aus. Dankschön für das Paket und auf Wiedersehn, Laina.

LAINA *schnupfend:* Glück auf 'n Weg! *Schnell hinein.*

MATTI *nachdem er ein paar Schritte gegangen ist:*
Die Stund des Abschieds ist nun da
Gehab dich wohl, Herr Puntila.
Der Schlimmste bist du nicht, den ich getroffen
Denn du bist fast ein Mensch, wenn du besoffen.
Der Freundschaftsbund konnt freilich nicht bestehn
Der Rausch verfliegt. Der Alltag fragt: Wer wen?
Und wenn man sich auch eine Zähr abwischt
Weil sich das Wasser mit dem Öl nicht mischt
Es hilft nichts, und 's ist schade

> um die Zähren:
> 's wird Zeit, daß deine Knechte dir den Rücken kehren.
> Den guten Herrn, den finden sie geschwind
> Wenn sie erst ihre eignen Herren sind.
> *Er geht schnell weg.*"
>
> (9) Brecht zeigt, dass Wasser mit dem Öl sich nicht mischt

Auch für Karl Marx ist der Mensch ein Wesen, das sich erst in und durch Arbeit zum Menschen macht; so kommt er zum Bewusstsein und Selbstbewusstsein seiner Menschlichkeit. Doch ist für ihn der Mensch ein Wesen aus Fleisch und Blut, das nicht auf bloße Geistigkeit reduziert bzw. abstrahiert wird. Wenn Hegel die höchste Form der Arbeit in der rein intellektuellen geistigen Bewältigung und Deutung der Wirklichkeit erblickt, denkt Marx an die reale sinnliche Arbeit. Während Hegel die Arbeit als ein Mittel zur Vergeistigung des Menschen (durch die mit ihr verbundenen Askese) und als ein Mittel zum Aufweis der Geistesstruktur der Natur (durch „Enthüllung" ihrer Form) ansieht, dient sie Marx zur Aneignung und Vermenschlichung der Natur durch den Menschen. „Die Arbeit", so heißt es bei Marx in „Das Kapital", „ist ein Prozeß zwischen Mensch und Natur, ein Prozeß, worin der Mensch seinen Stoffwechsel mit der Natur durch seine eigne Tat vermittelt, regelt und kontrolliert. Er tritt dem Naturstoff selbst als eine Naturmacht gegenüber. Die seiner Leiblichkeit angehörenden Naturkräfte, Arme und Beine, Kopf und Hand, setzt er in Bewegung, um sich den Naturstoff in einer für sein eigenes Leben brauchbaren Form anzueignen. Indem er durch diese Bewegung auf die Natur außer ihm einwirkt und sie verändert, verändert er zugleich seine eigne Natur ... Er entwickelt die in ihr schlummernden Potenzen und unterwirft das Spiel ihrer Kräfte seiner eignen Botmäßigkeit. Wir haben es hier nicht mit den ersten tierartig instinktmäßigen Formen der Arbeit zu tun. Dem Zustand, worin der Arbeiter als Verkäufer seiner eignen Arbeitskraft auf dem Warenmarkt auftritt, ist in urzeitlichen Hintergrund der Zustand entrückt, worin die menschliche Arbeit ihre erste instinktartige Form noch nicht abgestreift hatte ... Wir unterstellen die Arbeit in einer Form, worin sie dem Menschen ausschließlich angehört. Eine Spinne verrichtet Operationen, die denen des Webers ähneln, und eine Biene beschämt durch den Bau ihrer Wachszellen manchen menschlichen Baumeister. Was aber den schlechtesten Baumeister vor der besten Biene auszeichnet, ist, daß er die Zelle in seinem Kopf gebaut hat, bevor er sie in Wachs baut. Am Ende des Arbeitsprozesses kommt ein Resultat heraus, das beim Beginn desselben schon in der Vorstellung des Arbeiters, also schon ideell vorhanden war. Nicht daß er nur eine Formveränderung des Natürlichen bewirkt; er verwirklicht im Natürlichen zugleich seinen Zweck, den er weiß, der die Art und Weise seines Tuns als Gesetz bestimmt..."[49]

Der Mensch kann für Marx erst und nur dort frei sein, wo er frei arbeitet und frei das Produkt seiner Arbeit sich aneignen kann. Befindet er sich in einem Abhängigkeitsverhältnis, im Zustand der Entfremdung, kann er sich das Produkt, das ihm deshalb fremd und feindlich gegenübersteht, nicht aneignen; es gehört einem Anderen. Er kann seine Arbeit somit auch nicht als eine freie Wesensäußerung seiner Menschlichkeit auffassen; sie erscheint ihm als eine durch die

Industriestadt Nürnberg, um 1800

materielle Notwendigkeit abgezwungene „Sklavenarbeit", auch wenn er rechtlich vollkommen „frei" wäre (wie es der Kapitalismus mit der Garantie der „Bürgerrechte" vorgibt). Er entfremdet sich daher letztlich seiner eigenen Menschlichkeit, weil ihm die Arbeit zum bloßen Mittel für die Fristung der physischen (animalischen) Existenz wird. Die Befreiung des Knechts ist erst dann wirklich gegeben, wenn dieser Zustand – eine Folge der ungerechten Eigentumsverhältnisse – überwunden ist. „Was den Kommunismus auszeichnet, ist nicht die Abschaffung des Eigentums überhaupt, sondern die Abschaffung des bürgerlichen Eigentums. Aber das moderne bürgerliche Privateigentum ist der letzte und vollendetste Ausdruck der Erzeugung und Aneignung der Produkte, die auf Klassengegensätzen, die auf der Ausbeutung des einen durch die anderen beruht. In diesem Sinn können die Kommunisten ihre Theorie in dem einen Ausdruck: Aufhebung des Privateigentums zusammenfassen. Man hat uns Kommunisten vorgeworfen, wir wollten das persönlich erworbene, selbsterarbeitete Eigentum abschaffen; das Eigentum, welches die Grundlage aller persönlichen Freiheit, Tätigkeit und Selbständigkeit bilde. Erarbeitetes, erworbenes, selbstverdientes Eigentum! Sprecht ihr von dem kleinbürgerlichen, kleinbäuerlichen Eigentum, welches dem bürgerlichen Eigentum vorherging? Wir brauchen es nicht abzuschaffen, die Entwicklung der Industrie hat es abgeschafft und schafft es täglich ab. Oder sprecht ihr vom modernen bürgerlichen Privateigentum? Schafft aber die Lohnarbeit, die Arbeit des Proletariers ihm Eigentum? Keineswegs. Sie schafft das Kapital, d.h. das Eigentum, welches die Lohnarbeit ausbeutet, welches sich nur unter der Bedingung vermehren kann, daß es neue Lohnarbeit erzeugt, um sie von Neuem auszubeuten. Das Eigentum in seiner heutigen Gestalt bewegt sich in dem Gegensatz von Kapital und Lohnarbeit. Betrachten wir die beiden Seiten dieses Gegensatzes. Kapitalist sein heißt nicht nur eine rein persönliche, sondern eine gesellschaftliche Stellung in der Produktion einnehmen. Das Kapital ist ein gemeinschaftliches Produkt und kann nur durch eine gemeinsame Tätigkeit vieler Mitglieder, ja in letzter Instanz nur durch die gemeinsame Tätigkeit aller Mitglieder der Gesellschaft in Bewegung gesetzt werden. Das Kapital ist also keine persönliche, es ist eine gesellschaftliche Macht. Wenn also das Kapital in gemeinschaftliches, allen Mitgliedern der Gesellschaft angehöriges Eigentum verwandelt wird, so verwandelt sich nicht persönliches Eigentum in gesellschaftliches. Nur der gesellschaftliche Charakter des Eigentums verwandelt sich. Er verliert seinen Klassencharakter."[50]

Hegels Gemeinschaftsideal ist der freie Staat, der Staat, dessen Bürger den in der Gesetzgebung zum Ausdruck kommenden Gemeinwillen bejahen, weil dieser Geist von ihrem Geist ist, weil sie ihren eigenen vernünftigen und allgemeinen Willen in seinen Gesetzen wiederfinden. Hegel war offensichtlich überzeugt (auch wenn es abweichende Deutungen gibt), dass in der konstitutionellen Monarchie, verwirklicht im reformierten preußischen Staat, die vernünftige Staatsordnung erreicht sei, und dass jeder vernünftig denkende und geistige Mensch sich mit dieser Wirklichkeit werde versöhnen können. Er erkannte nicht die Diskrepanz zwischen der von ihm entwickelten Idee des „geistigen Staates" (bei Friedrich Schiller des „ästhetischen Staates") und dem Sosein des real existierenden Staates.

> **Der ästhetische Staat**
> Existiert … ein Staat des schönen Scheins, und wo ist er zu finden? Dem Bedürfnis nach existiert er in jeder feingestimmten Seele, der Tat nach möchte man ihn wohl nur, wie die reine Kirche und die reine Republik, in einigen wenigen auserlesenen Zirkeln finden, wo nicht die geistlose Nachahmung fremder Sitten, sondern eigene schöne Natur das Betragen lenkt, wo der Mensch durch die verwickeltsten Verhältnisse mit kühner Einfalt und ruhiger Unschuld geht und weder nötig hat, fremde Freiheit zu kränken, um die seinige zu behaupten, noch seine Würde wegzuwerfen, um Anmut zu zeigen. – Da es einem guten Staat an einer *Konstitution* nicht fehlen darf, so kann man sie auch von dem ästhetischen fordern. Noch kenne ich keine dergleichen.
> (10) Schiller findet keine „reine Republik"

Marx hatte dagegen eine klare und gesellschaftskritische Vorstellung von

Johann Gottlieb Fichte bei seinen „Reden an die deutsche Nation" (1808 in Berlin)

dem, was Gemeinschaft bedeuten müsse: Die Gemeinschaft, in der die konkrete Freiheit der Individuen verwirklicht sei, bezeichnet er als „klassenlose Gesellschaft". Erst dann, wenn alle Menschen gemeinschaftliche Eigentümer der Natur geworden sind und so die Bedingungen ihrer Arbeit „unter sich subsumiert haben", kann jeder Einzelne von ihnen zum „Gemeinwesen" werden und „in und durch die Gemeinschaft" frei sein. Das gilt bei ihm nicht als ideale Forderung; er ist vielmehr davon überzeugt, dass die Entwicklungstendenzen der (noch) bestehenden kapitalistischen Gesellschaft, die er in seinen ökonomischen Werken, namentlich im „Kapital", untersucht und beschrieben hat, auf die Herbeiführung eines solchen Zustandes der Freiheit hindrängen. Was bei den „utopischen Sozialisten" der moralische Appell ist, erweist sich beim ihm, orientiert an Hegels Geschichtsphilosophie, als Überzeugung von der „Zwangsläufigkeit" einer Entwicklung, die den Sieg des kollektiven Subjekts des Proletariats bringen wird. „Es ist nicht das Bewußtsein, das das Sein, sondern umgekehrt das gesellschaftliche Sein, das das Bewußtsein bestimmt." Das aus dem gesellschaftlichen Sein des Proletariats hervorgehende Klassenbewusstsein wird die gesellschaftliche Wirklichkeit umgestalten.

Hegel durch Marx sehen, bedeutet, diesen vom Kopf auf die Füße zu stellen. Aus einem rückwärts gerichteten und somit aus historischer Realität nicht ablesbarem Konstrukt (bei Hegel) wird eine nach vorwärts gerichtete Utopie (bei Marx). Allerdings ist diese ebenfalls eine Hypothese geblieben. Das Paradies auf Erden ist ferner denn je; die unterdrückten Klassen und Völker sind weiterhin der Unterdrückung, nicht nur kapitalistisch, sondern auch „marxistisch" begründeter Art ausgeliefert; der in manchen Staaten sozial und demokratisch gebändigte Kapitalismus steht davor, seine sozialdarwinistische Dschungelmentalität, etwa in der Dominanz des Shareholder Value, zurückzugewinnen. Geschichte: Ein Gang Gottes durch Zeit und Welt? Von Menschen in humanem Sinne gemacht? Oder doch nur, realistisch-zynisch gesprochen, der vergebliche Versuch, dem Sinnlosen einen Sinn aufzuzwingen. History, told by an idiot (Shakespeare). Geschichte werde, so Theodor Lessing, als Droge des Intellekts benutzt. Der Mensch verfalle „der Täuschung, sich für ein Vernunftwesen, ja sogar eine Macht hinter der Welt für vernünftig zu halten". Er klammere sich, im Eismeer der Geschichte, an die Illusion, „ein Ideal der Ordnung in unendlicher Annäherung verwirklichen zu können"[51].

Werner Zapf: Das alte Nürnberg beim Dürer-Haus (Privatbesitz)

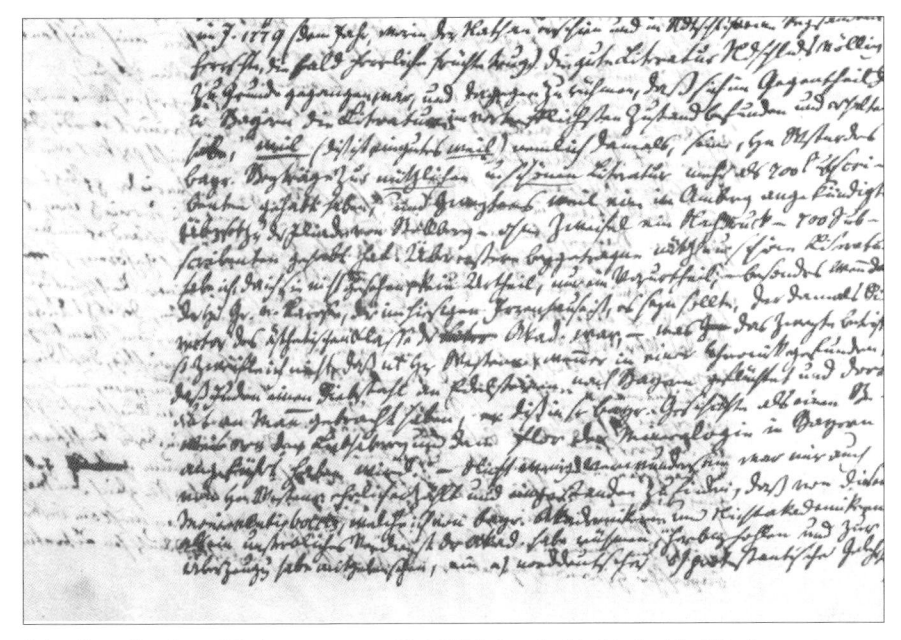

Schreiben Hegels an Niethammer vom 21.4.1808; Landeskirchl. Archiv Nürnberg

II. HEGEL IN NÜRNBERG

II.1 Ein Küchenpräsent mit Hintergedanken

Friedrich Immanuel Niethammer, unter allen Freunden Hegels wohl sein treuester und verlässlichster, hatte vom Pädagogenstand ganz gewiss eine hohe Meinung – war er doch im Mai 1808 als Oberschulrat nach München berufen worden. Dennoch kamen ihm wie seiner Frau, die Hegel für etwas Höheres bestimmt sahen, Bedenken, diesen als Gymnasialdirektor für Nürnberg vorzuschlagen. Sie hatten zwar einen solchen Gedanken gefasst, allein – so Karl Rosenkranz in seiner ersten Hegel-Biographie (1844) – sie wagten, „als könne eine solche Zumuthung gleichsam als eine Degradation ihn beleidigen, erst nur schüchtern deshalb bei ihm anzufragen"[52]. Die Eheleute beschlossen, Hegel zunächst einmal ein Nahrungsmittelpaket zu senden und dann in einem Begleitbrief (8. Mai 1808) ganz beiläufig vorzufühlen: „Nach dem Küchenpräsent, das vor einigen Tagen an Sie abgegangen, finde ich in dem Aufräumen des Reichtums, der sich um mich her angehäuft hat, Gelegenheit, Ihnen noch mit einigen solideren Speisen aufzuwarten. Ich sende sie Ihnen zum Beweis unsrer unermüdeten schriftstellerischen Tätigkeit in Bayern, an der Sie einmal ein Wohlgefallen gefunden oder, wie mans – wenn's Ernst wäre – bezeichnend ausdrücken würde, einen Narren gefressen haben! Sie werden schon selbst am besten dafür sorgen, sich mit der soliden Kost den Magen nicht zu verderben. [Um welche Schriften es sich handelte, ist nicht bekannt.]… Wie wär Ihnen ums Herz, wenn Sie zu einem Rektor eines

Gymnasiums vorgeschlagen würden? Der Gedanke ist mir zur Zeit selbst noch zu fremd, als daß ich mit mir darüber einig werden könnte. Es ist mir nur so durch den Kopf gefahren, daß wir Sie auf diese Weise hieher bekommen könnten. Indes ist dieser Plan noch so vielen Schwierigkeiten ausgesetzt, daß ich zunächst mich nur an das Allgemeinere halte, in irgend einer unsrer Hauptprovinzstädte überhaupt Sie zu verwenden, wie man hier zu Landes spricht! – Was Sie mir als Ihre Absicht darüber schreiben werden, soll mir selbst erst in der Sache einiges Licht geben."[53]

Hegel war jedoch höchst befriedigt über die auf diese Weise sich eröffnende Aussicht. Die Tätigkeit, die er in Bamberg ausübte – ein Jahr zuvor hatte er ebenfalls durch Niethammers Vermittlung die Redaktion der „Bamberger Zeitung" übernommen – erschien ihm nicht als „solides Etablissement". „Und auch mit 1300 Gulden jährlich kann ich mehr schlecht als recht leben."[54] Dazu kam, dass der von Niethammer entwickelte Reformplan für die bayerischen öffentlichen Unterrichtsanstalten vorsah, dass in den vier oberen Klassen der Gymnasien die Schüler in die Philosophie eingeführt werden sollten; (ansonsten blieb die Grundlage des Unterrichts das Studium der alten Sprachen und der Literatur). Ein Philosoph wie Hegel fühlte sich da besonders angesprochen. Ende 1808 erfolgte die Berufung: „Im Namen Seiner Majestät von Bayern, Durch allerhöchstes Respekt d. d. 4. praes. 14. Novbr. ist von Sr. Königl. Majestät von Bayern der Professor Hegel zu Bamberg zum Rektor des Gymnasiums dahier und zum Professor der philosophischen Vorbereitungswissenschaften bei demselben allergnädigst ernannt. Er hat daher in seine neue[n] Amtsfunktionen nach der von dem Kreisschulrat zu erhaltenden

Hanfstaengl: Friedrich Immanuel Niethammer (1832)

näheren Anweisung ungesäumt einzutreten. Königl. Generalkommissariat des Pegnitzkreises. Thürheim." (Hegels Ernennungsurkunde vom 15. November 1808)[55]

II.2 Niethammer, der verlässliche Freund

Hegels Bindung an Niethammer, die sich auch in einem umfangreichen Briefwechsel niederschlug, war sehr eng. Dieser, geboren am 26. März 1766 in Beilstein bei Heilbronn, Klosterschüler in Maulbronn und als Student ins Tübinger Stift aufgenommen, später Theologe, Philosoph, Schulreformer und Kirchenorganisator, erwies sich als ein Freund, auf den er stets bauen konnte. Niethammer bürgte zum Beispiel bei dem Bamberger Verleger und Buchhändler Joseph Anton Goebhardt für Hegels erstes großes Werk „Die Phänomenologie des Geistes", indem er sich bereit erklärte, die ganze Auflage für je 12 Gulden pro Bogen zu kaufen, wenn das vollständige Manuskript nicht rechtzeitig eingehe. (Napoleon stand vor den Toren Jenas; ein Verlust der zunächst noch fehlenden Teile wäre in den kriegerischen Wirren leicht möglich gewesen.) Hegel dankte am 8. Oktober 1806 herzlich: „Wie freut es mich, daß Sie diese verwirrte Sache so ins Reine gebracht, und wie vielen Dank bin ich Ihnen schuldig; der Revers oder vielmehr die Vervollständigung des Vertrags entspricht allem, was ich nur wünschen konnte. Daß Sie so ins Mittel getreten sind und die ganze Auflage überzunehmen antrugen, ist freilich ein heroisches Mittel, das aber dem Freunde um so weniger weitere Ausreden übrig ließ, und ich bin Ihnen dadurch um so verbindlicher geworden. – Wenn ich etwa der Mde Niethammer darüber sprechen würde, so würde ich sagen, daß die zwei Rechten aneinander gekommen, daß aber Göbhardt an Ihnen seinen Meister gefunden hat."[56)]

Niethammer, zunächst wie Hegel Dozent in Jena, war zu dieser Zeit bereits nach Bayern abgewandert. Maximilian Joseph de Garnerin Montgelas, leitender Minister in Bayern, der nach französischen Prinzipien die Verwaltung reorganisierte und zentralisierte, dieser „moderne", vom Geist der Französischen Revolution beeinflusste Staatsmann, hatte Niethammer 1803 nach Würzburg als Professor an die „Sektion der für die Bildung der religiösen Volkslehrer erforderlichen Kenntnisse" berufen; so hieß die Theologische Fakultät in der Sprache der reformierten Universität eine Zeit lang. Aus Jena war einem Ruf nach Würzburg auch Friedrich Wilhelm Schelling gefolgt.

In Jena hatte sich nämlich, wie Goethe feststellte, ein „heimlicher Unmut der Gemüter bemächtigt"[57)] – nicht zuletzt als Folge des „Atheismusstreites", der zur Entlassung Johann Gottlieb Fichtes aus dem Lehramt der Universität geführt hatte. Die Auseinandersetzungen hatten auch Niethammer, der theologisch einen an Immanuel Kants Aufklärungsideen orientierten vernunftgemäßen Offenbarungsglauben vertrat, tief betroffen; mit Fichte hatte er die Zeitschrift „Philosophisches Journal einer Gesellschaft teutscher Gelehrter" herausgegeben.

Der Atheismusstreit in Jena

Die Berufung Fichtes 1794 auf den philosophischen Lehrstuhl der sächsisch-weimarischen Landesuniversität war letztlich durch Goethes Votum zustande gekommen. Fichtes Tätigkeit läßt sich zunächst überaus erfolgreich an, die Zahl der Hörer wächst und beträgt zeitweilig 500. Aber ein solcher Erfolg ruft zwangsläufig auch Gegner auf den Plan. Gegen seine ungestörte Wirksamkeit wurden zuerst vereinzelte, dann zahlreiche und immer vernehmlichere Stimmen der Agitation und der Diffamierung laut.

Das geschieht nicht ganz ohne Fichtes Schuld, denn er macht es seinen Gegnern leicht, gibt ihnen hinlänglich Stoff, sich in der Annahme, es mit einem politisch bedenklichen Kopf zu tun zu haben, bestätigt zu sehen. Ein Satz wie: „Es ist der Zweck aller Regierungen, die Regierung überflüssig zu machen", kann ohne größere Mühe als anarchistisch oder revolutionsfreundlich ausgelegt werden. Als er sich dann noch gegen die „im Schwange gehende Rohheit und Zügellosigkeit" von drei namentlich aufgeführten Studentenverbindungen glaubte ver-

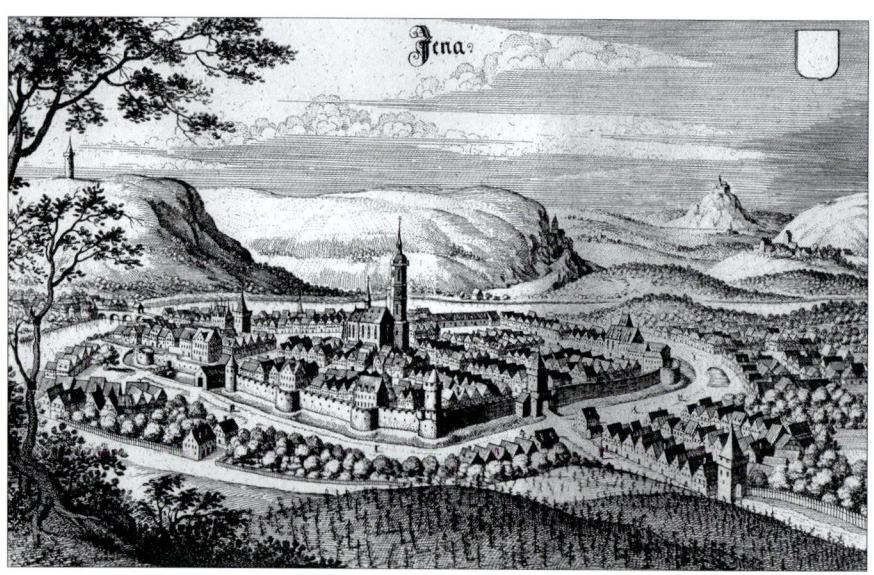

Jena, zeitgenössische Radierung (um 1800)

wahren zu müssen, ist es mit seinem Frieden in Jena endgültig vorbei. Eingeworfene Fensterscheiben, Beschimpfungen seiner Frau auf der Straße sind die Antwort. Der Universitätssenat verhält sich indifferent. Nur durch einen beim Herzog beantragten Urlaub verschafft sich Fichte für den Sommer 1795 Ruhe.

Fichte hat sich während dieser Zeit mit dem Gedanken getragen, nach Frankreich zu emigrieren. Er wollte in aller Ruhe seine *Wissenschaftslehre* ausarbeiten; dazu braucht er ein von allen Amtsgeschäften freies Leben. Seine Gegner sahen vielleicht doch nicht so falsch, wenn sie in ihm einen Sympathisanten der Französischen Revolution vermuteten. In einem Briefentwurf aus dieser Zeit heißt es: „Mein System ist das erste System der Freiheit: wie jene Nation (die französische) von den äußeren Ketten den Menschen losreißt, reißt mein System ihn von den Dingen an sich, des äußern Einflusses los und stellt ihn in seinem ersten Grundsatz als selbständiges Wesen hin ... ich würde keinen Titel tragen als den eines französischen Bürgers, wenn die Nation mir ihn geben wollte."

In den folgenden drei Jahren seiner Jenenser Lehrtätigkeit war der Friede zwischen Fichte und seinen Gegnern nur äußerlich hergestellt. Er liest vor allem über die *Wissenschaftslehre,* wo es weniger Anlaß zur Herausforderung derer gab, die nur darauf warteten, um den Kampf gegen ihn neu zu eröffnen. Aber daß sie schließlich doch eine Gelegenheit dazu finden würden, mußte er gewärtig sein, und daß auch plumpe Mittel dabei noch zum Erfolg führen können, sollte er bald erfahren. Ein von Karl Forberg verfaßter, aber von Fichte im *Philosophischen Journal* abgedruckter Aufsatz *Über den Grund unsers Glaubens an eine göttliche Weltregierung* ist für die Gegner ein Indiz seines „Atheismus", der ihm in einer anonymen Flugschrift nachgesagt wird.

Jetzt beginnen die Vorgänge, die mit Fichtes endgültiger Vertreibung aus Jena enden werden. In einem Requisitionsschreiben der kurfürstlich-sächsischen Regierung an den Weimarer Hof wird mit Sorge vermerkt, daß „Lehrer in angrenzenden Landen sich öffentlich und ungescheut zu dergleichen Grundsätzen bekennen", um „die Begriffe von Gott und Religion aus den Herzen des Menschen zu vertilgen". Auch für eine so aufgeklärte Regierung wie die weimarische ist es jetzt gar nicht mehr möglich, entsprechende Untersuchungen zu verhindern, damit die Verantwortlichkeiten geklärt werden und derartigem Treiben auf der Universität, dem Gymnasium und den übrigen Schulen fortan ein Ende bereitet wäre.

Man hat sich in Weimar alle Mühe gegeben, die Angelegenheit durch einen Kompromiß zu erledigen. Doch dazu wäre Fichtes Entgegenkommen notwendig gewesen. Dessen Neigung ist freilich gering. Daß er auf völliger Rehabilitierung besteht, hatte gute Gründe für sich, daß er mit seinem Abschied von der Universität droht, war makellos; strategisch, wie der Ausgang zeigt, allerdings sehr ungeschickt. Zu einer Entlassung Fichtes hätte man sich in Weimar nicht entschlossen. Nun, wo Fichte selbst seinen Weggang anbietet, geht man gern darauf ein, um sich des unbequemen Mannes zu entledigen. ... Letztlich ging es im Atheismusstreit gar nicht um den „Atheismus". Fichte verrät den wahren Grund, wenn er in seiner *Verantwortungsschrift* vom 18. März 1799 die „Triebfeder", die ihn aus dem Amt gedrängt hatte, beim Namen nennt: „Ich bin ihnen ein Demokrat, ein Jakobiner, dies ist's."

(11) Althaus über Fichte und seine Gegner

Niethammer, der bereits in Würzburg neben seiner Professur die Positionen eines „Oberpfarrers" und Konsistorialrates eingenommen hatte, dann übergangsweise in Bamberg als protestantischer Oberschulkommissar für Franken wirkte, ging im April 1804 nach München; er wurde dort Zentralschulrat (Oberschulrat) im Ministerium des Innern und vertrat die protestantischen Belange im bayerischen Schulwesen nach der Gebietserweiterung um die nichtkatholischen Landesteile. Hegel, der kurze Zeit bei den Niethammers in Bamberg in einem Kämmerchen gewohnt hatte, zeigte über den Weggang seines Weggefährten in die bayerische Landeshauptstadt große Betrübnis; sie spricht auch aus einem Brief an Frau Niethammer vom 30. Mai 1807: „Wie oft haben wir alle uns seit Ihrer Abreise gesagt, Sie hätten müssen in Bamberg bleiben! Sie kehren es um und laden mich ein, bald nach München zu Ihnen zu kommen. Da Ihre Güte aber etwas Aetherischeres ist als Wagenräder und meine Wünsche nicht die Stärke von Kutschenpferden haben, so bin ich auf das Bild Ihres Umgangs und Ihrer Gesinnung eingeschränkt und darauf, es durch einige Zeilen zuweilen mir näher gebracht zu sehen. Indem ich [hoffe], wie wir alle wünschen, von Ihnen nicht vergessen zu

Christian Carl Ludwig Heß: Bibliotheks- und Universitätsgebäude Jena (um 1830)

sein, so hoffe ich zugleich, bald von Ihnen zu hören, daß Sie in München einheimisch geworden und, woran es Ihnen nicht fehlen kann, den Kreis traulichen, muntern und harmlosen Umgangs ersetzt gefunden, den Sie hier verlassen haben. Eine Wohnung haben Sie, mit der Sie zufrieden sind, und dies ist schon viel. Aber Sie machen sich Haussorgen, und Nieth[ammer] wird Amtssorgen haben oder sich machen. In Ansehung jener ist mir um Ihrer Genügsamkeit und Ihrer Klugheit und Sorgfalt willen nicht bange; die letztern weiß ebenso teils Nieth[ammer] selbst zu überwinden, teils helfen Sie sie ihm versüßen, teils wird er durch die Geschäftsführung selbst sich in dasjenige, was man für das Fundament des bayrischen Geschäfts- und Amtslebens ausgeben will, mehr hinein studieren."[58]

Theologisch entwickelte sich Niethammer im Laufe der Zeit „von einem Denker im Umkreis Kants und des Deutschen Idealismus zu einem milden Vertreter der Erweckungsbewegung und des aus dieser hervorgehenden konfessionellen Luthertums. Als theologisch herausragendes Mitglied der Kirchenleitung prägte er die im Entstehen begriffene evangelisch-lutherische Landeskirche im Königreich Bayern nicht nur innerlich, sondern auch in ihrer institutionellen Gestalt, indem er bestimmenden Einfluss auf ihre gesamtgemeindliche Organisation und Verfassung nahm."[59]

Die bedeutendste Leistung Niethammers lag aber auf dem Gebiet der Schulreform. Mit dem „Allgemeinen Normativ für die Einrichtung der öffentlichen Unterrichtsanstalten", dem sogenannten „Niethammerschen Schulplan", wurde im Geiste Montgelas' das sich vor allem in den Händen der Kirche befindliche, durch ultramontane Beschränktheit bestimmte Schulwesen durch „kräftige Strahlen der Aufklärung" aufgehellt. Dass dies höchste Zeit gewesen sei, meinte auch Hegel; den Bayern sage man zwar eine vortreffliche Natur nach; auch besäßen andere Bauern nicht so viel Mutterwitz wie sie; gehe es freilich um wissenschaftliche Zustände, um Bildung und die Kenntnisse, „die man von jedem, der ein Mann der Erziehung sei, erwarten müsse", so stelle das Land „einen wahren Dintenklecks in dem Lichttableau von Deutschland" dar.[60]

Nun begann eine Dreiergruppe – neben Niethammer und Hegel noch Heinrich Eberhard Gottlob Paulus – ihr Reformwerk in der alten Reichsstadt. „Das in Jena schlechtbestallte schwäbische Trio ehemaliger Tübinger Stiftler hat sich auf bayerischem Boden wieder zusammengefunden. Niethammer hatte gute, Wege bahnende Arbeit geleistet. Der Zentralschulrat in München, der Kreisschulrat in der fränkischen Provinz und der Nürnberger Gymnasialdirektor schicken sich an, die ‚Organisation' des Schulwesens im erweiterten Königreich Bayern in die Hand zu nehmen."[61]

Heinrich Eberhard Gottlob Paulus (1761 – 1851)

Paulus war seit dem Studium in Tübingen ein enger Weggefährte Niethammers und Hegels. Als rationalistischer Theologe, der u. a. den evangelischen Wundergeschichten eine natürliche Erklärung gab, galt er als Haupt der Nachkantianer. Wie Niethammer und Hegel war er zunächst als Professor der Theologie nach Jena gegangen; dort wirkte er wie auch Niethammer bei Hegels Habilitationsverfahren mit. Er edierte die erste Gesamtausgabe der Werke Spinozas, was deutlich machte, dass die theologische Orthodoxie nicht mit ihm rechnen konnte. Von dort folgte er 1803 einem Ruf nach Würzburg; dann wirkte er als Kreisschulrat in Nürnberg.

Das Ehepaar Paulus fühlte sich Hegel auf sehr persönliche Weise verbunden; so erboten sie sich, für ihn nach einer „treu langsamen Nürnbergerin" als Ehefrau Ausschau zu halten. Nachdem Paulus die Stellen eines Professors für Kirchengeschichte in Heidelberg bekommen hatte, fand 1816 der ebenfalls nach Heidelberg berufene Hegel in dessen Familie wiederum (nach Jena und Nürnberg) eine sehr liebevolle Aufnahme. „Frau Paulus, deren freimütige, geistreich humorvolle Natur Hegel besonders gefiel, pflegte ihn bei einer Unpäßlichkeit wie eine Mutter, saß mit ihm Karten spielend an seinem Bett und sprach alle Angelegenheiten mit ihm durch. Als der Gedanke aufkam, Hegel könne einen Ruf nach Berlin annehmen, versuchte sie ihm das gründlich auszureden und meinte scherzhaft, was er denn in einer Stadt wolle, wo man den Wein aus Fingerhüten trinke. Politischer Ansichten wegen zerwarf sich Hegel indessen mit Paulus, und die fünfzehnjährige Freundschaft zerbrach."

(12) Althaus und Wiedmann über den rationalistischen Theologen

Niethammer, der 1808 zum Oberkirchenrat und 1818 auch noch zum Oberkonsistorialrat avancierte, musste freilich zunehmend erkennen, dass die Protestanten in Bayern keine wirkliche Chance hatten. Er spürte wegen seiner liberalen Haltung das Misstrauen des Königs und hatte auch sonst mit erheblichen Schwierigkeiten zu kämpfen. Die altbayerisch-katholische Richtung wollte sich von den „Ausländern" nicht bevormunden lassen

Tübingen, ehem. Burse; Foto J. Schrenk

und dachte deren „Abzug" aus Bayern zu erzwingen. In der Tat wollten einige, die von Jena eilig nach Bayern gewechselt hatten, nun wieder möglichst schnell wegkommen. Als erster der Schwaben war Paulus nach Heidelberg gegangen; Hegel folgte dorthin 1816; Schelling freilich gelang der Absprung nach Berlin erst 1841. Niethammer starb am 1. April 1848 in München und wurde dort begraben.

II.3 Das Tübinger Stift

Hegels Zusammenhalt mit „seinen Württembergern" (Niethammer, Paulus, Hölderlin, Schelling) – um 1800 kamen sie (mit Ausnahme Hölderlins) an der Jenaer Universität wieder zusammen und gingen schließlich nach Bayern – war nicht nur landsmannschaftlicher Art; sie rührte im Besonderen daher, dass sie als Studierende im Tübinger Stift gewesen waren.

Diese Einrichtung wurde als „Pflanzstätte des Geistes" und „schwäbischer Olymp" gelobt. Generationen von Theologen, Pfarrern, Dichtern und Denkern, gelegentlich auch Naturwissenschaftlern (wie der frühe „Stiftler" Johannes Kepler, 1571 – 1630), hatten hier Unterstützung erfahren; manche Stipendiaten freilich waren abgestoßen von den dort herrschenden Erziehungsmethoden oder zumindest in der Beurteilung der dort gemachten Erfahrungen ambivalent.

Das Stift war 1536 von Herzog Ulrich von Württemberg gegründet worden. Der Schriftsteller Wilhelm Hauff (1802 – 1827), der als Zeitgenosse Hegels ebenfalls dem Stift angehörte, hat den Potentaten zwar in seinem historischen Roman „Lichtenstein" verherrlicht; aber in Wirklichkeit war dieser ein gewalttätiger Herrscher, ein Schreckensmann, ein „teutscher Nero". „Er, der mit Schimpf und Schande, in die Reichsacht getan, 1519 aus seinem Land fliehen mußte, hat sich

Tübingen, Hölderlinsturm am Neckar; Foto J. Schrenk

an die lutherischen Kutten und den Zeitgeist gehängt, um 1534 mit des Landgrafen Philipp von Hessen Hilfe als Reformationsherzog sein Land wiederzugewinnen. Bildersturm und Konfiszierung der Klöster waren die nächsten Schritte. Württemberg brauchte damals den neuen Typus des protestantischen Pfarrers, und zwar eines Pfarrers eigener Prägung, denn die theologische Richtung der württembergischen Reformatoren Blarer und Schnepf stand Zwingli näher als Luther. Außerdem sollte ein frommes Werk getan werden. Also ordnete der Herzog an, daß an ‚armer, fromer Leut Kinder und ains vleissigen, cristenlichen, gotzförchtigen Wesens und Anfangs und zu studieren geschickt seyen.', Stipendien vergeben werden." Allerdings beklagten immer wieder arme Anwärter, dass sie abgewiesen worden seien. „Ach, wie sehr hätte ich Gott gepriesen für dieses Stift, wenn ich Armer und Hungriger mich an diese Tafel hätte setzen dürfen, wo doch so viele Reiche, denen diese Speise und Trank zu gering ist, darin aufgenommen werden", meinte etwa der spätere pietistische Pfarrer und Feinmechaniker Philipp Matthäus Hahn.[62]

An sich mussten die Stiftler, so auch Hegel, Hölderlin und Schelling, eine „Obligation" unterschreiben, dass sie ihr Theologiestudium zum Dienst in Kirche oder Schule nutzen würden. Hauslehrer, sozusagen ein Aufschub solcher Verpflichtung, wurden dann alle drei; ansonsten entzogen sie sich – wie viele andere – der ihnen auferlegten Bestimmung. Die dortige Seminarerziehung, meinte später Friedrich Theodor Vischer, als Philosoph Vertreter der Hegelschen Schule (1848 liberaler Abgeordneter in der Frankfurter Nationalversammlung), habe ihren vorzüglichen Wert „in den gründlichen klassischen Kenntnissen, welche hier der Zögling als einen Schatz der Humanität für sein ganzes Leben erwirbt

Friedrich Wilhelm Joseph Schelling (1775-1854)

und wozu schon vorher durch den guten Schulsack, der seit alter Zeit ein Ruhm der Württemberger ist, ein tüchtiger Boden gelegt wird. Es ging ein Sprichwort: Aus einem württembergischen Magister kann alles werden."63)

Hegel wurde zusammen mit Hölderlin 1788 Stipendiat im Tübinger Stift und studierte an der dortigen Universität Theologie und Philosophie. Ab 1790 bewohnten beide mit dem dazugekommenen Schelling dasselbe Zimmer und schlossen Freundschaft. Das Studium der Theologie hatte für Hegel als Absolventen des Stuttgarter Gymnasiums von vorneherein festgestanden und entsprach auch den Vorstellungen des Vaters Georg Ludwig, eines herzoglichen Rentkammersekretärs und späteren Expeditionsrates. Nach der Familientradition waren die Hegels Nachkommen von Einwanderern aus der Steiermark oder Kärnten, die um die Mitte des 16. Jahrhunderts als verfolgte Protestanten in Württemberg Schutz suchten und fanden. (Die Mutter war 1784 gestorben.)

Lebenslauf

Ich, Georg Wilhelm Friedrich Hegel, geb. Stuttgart 27. Aug. 1770. Meine Eltern Georg Ludwig Hegel, RentkammerExpeditionsRath und Maria Magdalene Luise geb. Fromm sorgten für die Bildung zu den Wissenschaften sowohl durch Privat-Unterricht als durch den öffentlichen des Gymnasiums zu Stuttgart, wo die alten und neuen Sprachen, sowie die Anfangsgründe der Wissenschaften gelehrt wurden. Ich wurde im 18. Jahr in das theologische Stifft zu Tübingen aufgenommen ... Nachdem ich aufgenommen war, wählte ich unter den Berufsarten des theologischen Standes diejenige, welche von den eigentlichen Berufsarbeiten, von dem Geschäffte des Predigtamts unabhängig [mir] ebenso sehr Musse gewährte, der alten Literatur und der Philosophie mich ergeben zu können, als in andern Ländern und unter fremden Verhältnissen zu leben Gelegenheit verschaffte. Ich fand diese in den beyden Hofmeisterstellen, welche ich in Bern und in Frankfurt annahm, deren Berufsgeschäffte mir Zeit genug liessen, um mit dem Gang der Wissenschaft zu verfolgen, die ich zur Bestimmung meines Lebens gemacht hatte. Nach 6 Jahren, die ich auf beyden zubrachte, und nach dem Tode meines Vaters beschloß ich, mich ganz der philosophischen Wissenschaft zu widmen.

(13) Der Philosoph über sich selbst

Die Universität Tübingen hatte zu dieser Zeit kein besonderes Ansehen; die rund 300 Studenten bereiteten sich vorwiegend für den Schul- und Kirchendienst in Württemberg vor, während die Mediziner und Juristen die renommiertere Karlsschule in Stuttgart besuchten. Die Richtung des Studiums war bestimmt durch den Vorrang der Dogmatik gegenüber der Kirchengeschichte und Exegese.

Der freiheitsliebende Freundeskreis Hegel-Hölderlin-Schelling (und nicht nur er) war mit dem Leben im Stift unzufrieden. Alles war streng reguliert und reglementiert; ein ausgeklügeltes System der Einengung rief bei ihm Bedrückung hervor. Die Disziplin im halbklösterlichen Stift wurde durch ein Repertoire von Strafen aufrechterhalten, sogenannte Caritionen, die von der Ermahnung über den Entzug des Tafelweines bei Mahlzeiten (bzw. trotz dessen schlechter Qualität Einbehalt eines dafür angesetzten Geldbetrages) bis zur Einsperrung im Karzer reichten. Die Caritionen und ihre vierteljährliche Zusammenstellung im sogenannten „Carentengatter" (aus „quattuor" entstanden) war maßgebend für die Beurteilung der Studenten; auf diese Weise wurde das Charakterbild eines Studenten vor Äußerlichkeiten fast völlig vernachlässigt. Wilhelm Hauff nannte das Stift einen „finsteren Zwinger", „des Teuffels Claustrum" und reimte: „Der Tod ist nicht das ärgste, was uns trifft, / der Übel größtes ist gewiß das Stift."[64] Gerade die Tüchtigsten der Stiftler protestierten gegen den vorherrschenden „Pedantismus", im Besonderen durch Übertretungen oder Missachtung der Regeln. Dazu gehörte, dass die Studenten den gebotenen runden Haarschnitt und außerhalb des Hauses die Stiftskleidung absichtlich vernachlässigten. Diese bestand aus kurzen Hosen und einem leichten schwarzen Mantel mit weißen Überschlägen. (Der Schlafrock allerdings wurde „zur Nationaluniform der Württembergischen Pfarrer". Noch in seinem Berliner Studierzimmer trug Hegel einen solchen; von gelb-grauer Farbe, sei er nachlässig bequem ihm von der Schulter gefallen, berichtet ein Besucher des dann berühmten Philosophen.[65]) „Unmöglich ist's mir", schrieb Hölderlin, der mehrfach seinen Ausbruch aus der „theologischen Zucht" ankündigte, aber dann doch blieb, „mir widersinnige zwecklose Gesetze aufdringen zu lassen und an einem Ort zu bleiben, wo meine besten Kräfte zugrunde gehen würden."[66]

Friedrich Hölderlin (1770-1843)

> **Revolutionärer Schwung**
>
> Keiner der drei [Hegel, Hölderlin, Schelling], die mehr durch Zufall auf einem Zimmer wohnen, hat damals

etwas von der Zukunft gewusst, in der sie wie zu einem Bund vereint zusammen gesehen werden sollten. Keiner von ihnen ist der Primus eines Jahrganges, was, um bei den Stiftlern hervorzustechen, ins Gewicht gefallen wäre. Schelling, der nur eines zufällig frei gewordenen Platzes wegen ins Stift eintreten konnte und bei der Bewältigung des Gesamtpensums noch einige Lücken hat, liegt in seiner „Promotion" hinter einem Studenten namens Beck an zweiter Stelle. Sein Ansehen bei den Mitstudierenden gründet sich vor allem auf seine Kenntnisse im Hebräischen, für das er durch seinen Vater, inzwischen Professor für Altes Testament an der Klosterschule in Bebenhausen, vorbereitet worden war. Es hat damals den Anschein, als ob er sich ganz den philologischen, besonders den orientalischen Studien, widmen würde. Mit Schellings Eintritt ins Stift hatte die republikanische Partei eine erhebliche Verstärkung erfahren. Sein Temperament und der mitreißende Schwung, den er einer Sache geben kann, heben ihn so stark heraus, dass der Herzog den Eindruck gewinnt, bei den Demonstrationen der Studenten mit Absingen der Marseillaise in Schelling den Rädelsführer vor sich zu haben. Als er sich zur Untersuchung der Vorgänge ins Stift begibt, präsentiert sich Schelling, dem die Rolle des Verantwortlichen wie von selbst zugefallen war, die Übersetzung des Liedes: „Da ist in Frankreich ein sauberes Liedchen gedichtet worden, wird von Marseiller Banditen gesungen, kennt Er es?" Schellings Geistesgegenwart in der Antwort: „Durchlaucht, wir fehlen alle mannigfaltig", lässt für den Herzog, der sich etwas auf sein Christentum zugute hält, keine wirksame Erwiderung zu. Gegen dieses Selbstbewusstsein Schellings steht das schwer in Gang zu Bringende und auch dann noch immer Schwerbewegliche in Hegels Natur als Mitläufer.

(14) Althaus über Schellings Temperament

Hegel, Hölderlin und Schelling ließen sich vom „großen Jean-Jacques Rousseau" für die Menschenrechte begeistern; er wurde als der maßgebende Philosoph gefeiert, der mit seinem Denken die Grundlage für die Französische Revolution geschaffen hätte. Die Begeisterung für diese „muß Hegel damals so überwältigt haben, daß er mit einigen Freunden auf ein freies Feld zog, um dort einen Freiheitsbaum aufzurichten. Im Stift hielt man französische Zeitungen; ein politischer Club ganz nach französischem Vorbild wird gegründet, in dem vor allem die ‚Mömpelgarder' (Studenten aus dem linksrheinischen Montbéliard, das zu Württemberg gehörte) eine Rolle spielten."[67] Übrigens war der Stiftler Karl Friedrich Reinhardt, neun Jahre älter als Hegel, in französische Dienste getreten. Unter den Girondisten hatte er zahlreiche Freunde gefunden und für Emmanuel Joseph Sieyès eine Denkschrift über Kant erfasst. Hegel nimmt wohlwollend zur Kenntnis, dass Reinhardt im Department des affairs étrangères einen Posten von großer Bedeutung einnahm. Bald darauf wurde Reinhardt französischer Außenminister; u. a. erteilte er Napoleon als Konsul die unbeschränkte Vollmacht des „Direkto-

Jean-Jaques Rousseau (1712-1778)

riums". Bereits 1794 ist freilich Hegels Sympathie für die Französische Revolution abgeklungen; er beklagte die „ganze Schädlichkeit der Robespierroten"; dass die französischen Zeitungen in Württemberg verboten wurden, störte ihn nicht.

Hegels Strafregister im Tübinger Stift hielt sich anfangs in Grenzen – Versäumen der Lektionen, spätes Aufstehen, Fehlen beim Gebet. 1790 jedoch fallen 18 Caritionen an und er wird ernstlich verwarnt. Ein Jahr später erhält er zwei Stunden Karzer. Doch waren die Vergehen wohl weniger durch seinen revolutionären Elan verschuldet als vielmehr durch eine ihn bestimmenden Lethargie und allgemeine Nachlässigkeit. Hegels Kameraden nannten ihn „den Alten". Sein Freund Fallot karikierte den damals Neunzehnjährigen als Greis, der gesenkten Kopfes auf Krücken daher schleicht und schrieb darunter: „Gott stehe dem alten Mann bei." Bei den häufig durchzechten Nächten gebärdete sich Hegel jugendlicher; in dem Tübinger ‚Gogenwirtschäftle' war er ein gern gesehener Gast. „Statt die theologischen Kollegs vorzubereiten, saß er am liebsten im Kreis philosophierender ‚Viertelesschlotzer', schnupfte tüchtig, spielte leidenschaftlich gerne Tarok und brachte seine Zuhörer durch seine biederen, hintergründigen Witze zum Lachen."[68]

Insgesamt war Hegels Lebensweise seinem Studium nicht besonders dienlich. Wenn freilich Rudolf Haym in seiner Biographie „Hegel und seine Zeit" 1857 schrieb, dass seine Lehrer ihm bei seinem Abgang gute Anlagen, aber nur mäßigen Fleiß und mäßiges Wissen bescheinigt hätten – „ein schlechter Redner und ein Idiot in der Philosophie" –, so war dies ungerecht. Das negative Urteil beruhte auf einer wohl beabsichtigten falschen Wiedergabe des originären Zeugnistextes durch Eduard Zeller aus dem Jahr 1845 in den „Theologischen Jahrbüchern"; dieser hatte aus einem „multam" ein „nullam" gemacht. „Studia theologia non neglexit, orationem sacram non sine studio elaboravit, in recitando non magnus orator visus. Philologiae non ignarus, philosophiae multam operam impendit."[69] Hegel hatte also, so im Zeugnis, viel (!) Mühe für die Philosophie aufgebracht.

Das Leben innerhalb des Stifts bot keine Möglichkeit, mit der Tübinger Weiblichkeit in Berührung zu kommen; damit dies möglich wurde, nahm man selbst die an sich ungeliebten Proben der Liedertafel in Kauf. Hegel erscheint hier als Verehrer des schönen Geschlechts und keineswegs als ungelenker, unbeholfener ältlicher Typ. Forsch schreibt er ins Stammbuch eines Freundes: „Glücklich, wer auf seinem

Tübingen, Alte Aula (links) und Hölderlinsturm (rechts); Foto J. Schrenk

Pfad / einen Freund zur Seite hat; / dreimal glücklich aber ist / wen sein Mädchen feurig küßt." In seinem eigenen Stammbuch finden sich viele Eintragungen von Bekanntschaften, teils mit vollem Namen, teils mit Monogramm.[70)] Pfänderspiele liebte er mehr als Tanzen. Hoffnungen für die Zukunft habe er allerdings seinen Partnerinnen nie gemacht, meinte Hegels Schwester; Zweifel an seiner Eignung zum Pfarrer und damit einer gesicherten Existenz mögen ihn davon abgehalten haben.

Eine ungerechte Behandlung, die Hegel in der Stiftszeit erfuhr, führte dann zu einer wesentlichen Intensivierung seines Arbeitseifers. Es ging um seine „Location". (Locationen wurden im gesamten Württembergischen Schulwesen für Schüler wie Kandidaten und Magister angewandt: veröffentlichte Einordnungen bzw. Ranglisten nach Leistung und Verhalten. Damit war man sozusagen „abgestempelt".)

Hegel wurde hinter einem Mitschüler namens Jakob Jeremias Friedrich Märklin, den er seit seiner Stuttgarter Schulzeit kannte und mit dem er in Konkurrenz stand, platziert – wohl nicht wegen seiner Leistung, sondern weil er im Stift ein „genialisches" Verhalten gezeigt und der Bevorzugte einen einflussreichen Onkel hatte. Für Hegel bedeutete die Zurücksetzung „einen Stachel, der ihn aus der Lethargie und Nachlässigkeit herausreißt und dazu bringt, mit bis dahin bei ihm nicht üblicher Kraftanstrengung zu arbeiten. Mit einem Mal werden Energien in Bewegung gesetzt, die man bei ihm nicht vermutet hatte. Er hat keine Zeit mehr, ins Bett zu gehen, und übernachtete wochenlang auf dem Sofa. Der gegen ihn geführte Schlag war geheime Triebfeder zur Veränderung geworden."[71)]

1790 wurde Hegel zum Magister promoviert; das entsprach dem Dr. phil. anderer Universitäten; Herbst 1793 bestand er die theologische Prüfung (Konistorialexamen). Danach kehrte er nach Stuttgart zurück; die Tübinger Stiftszeit war beendet.

Dieser Aufsatz Hegels stammt aus seiner Studienzeit in Tübingen (1788); BPK Berlin

Der Römerberg im Frankfurt des ausgehenden 18. Jahrhunderts

II.4 Der Weg nach Nürnberg

Nach seinem Weggang aus Tübingen 1793 und ehe er in Nürnberg 1808 zum ersten Mal, dann 38-jährig, eine einigermaßen sichere und noch dazu angesehene Position einnehmen konnte, war Hegel in vier Städten tätig gewesen: in Bern, Frankfurt am Main, Jena und Bamberg. Nach dem Studium hatten sich keine besonderen Berufsmöglichkeiten ergeben; ein Ausweg war da die Stelle eines Hofmeisters, d.h. eines Hauslehrers, wie ihn vermögende Familien für ihre Kinder beschäftigten. Dass jüngere Gelehrte mangels eigenen Vermögens oder Protektion sich als Hofmeister verdingten, bevor sie an eine Habilitation denken konnten, war durchaus üblich. Auch Kant, Fichte und Hölderlin nahmen mehrere Jahre über solche Posten an. Der Vorteil bestand darin, dass man neben freier Station und einem kleinen Gehalt freie Zeit für eigene Studien hatte und wohl auch in die Gesellschaft eingeführt wurde, um neue Verbindungen anzuknüpfen. Auch wenn Christian Friedrich von Schnurrer, Vorsteher des Tübinger Stifts, Professor für Orientalistik an der Universität, Hegel nicht für eine solche Aufgabe als geeignet ansah – „ich bezweifle sehr, ob er inzwischen gelernt hat, diejenigen Aufopferungen sich geduldig gefallen zu lassen, die immer mit einer Privatlehrerstelle, wenigstens anfangs, verknüpft zu sein pflegen"[72] –, gelang es ihm, kurz nach Beendigung des Studiums im Haus des Berner Patriziers Carl Friedrich Steiger von Tschugg unterzukommen. Näheres sei aus dieser Zeit nicht zu berichten, meint Karl Rosenkranz. „In einem Paß aus Bern wird Hegel aufgeführt als: gouverneur des enfants de notre chèr et féal citoyen

Steiguer de Tschougg. Wie viel Kinder aber und von welchem Alter er zu unterrichten gehabt habe, erhellt nicht ... So viel geht aus den Briefen Hegel's an Schelling hervor, daß sein Amt ihm nicht zu viel Muße ließ. Auch ein Gedicht Hegel's an Hölderlin bestätigt dies. Er freut sich darin, daß die Nacht ihm Ruhe gönnt und des Tages läst'gen Lärmen fernt ... Er knüpfte mit einem Maler Sonnenschein eine freundschaftliche Verbindung an. Dieser Maler hatte eine muntere Frau und Tochter. Man spielte Clavier, sang, besonders Schiller'sche Lieder und ergötzte sich auch an einer Partie Boston. Ein gewisser Fleischmann, mit dem Hegel, wie mit Sonnenschein, später von Frankfurt aus noch einige Briefe wechselte, theilte die harmlosen Freuden der Familie. Der Inhalt der Briefe des Malers ist zum größten Theil die Erinnerung an die Freuden der mit Hegel verlebten Abende. 'Freude, schöner Götterfunken!' schreibt er am 13. November 1797, 'wird oft genug zu Ihrem Andenken gesungen'."[73)]

1797 übernahm Hegel dann eine Hauslehrerstelle bei dem Kaufmann Johann Gogel in Frankfurt am Main. Die trübe Stimmung, die seine Schwester bei einem Zwischenaufenthalt in Stuttgart festgestellt hatte, hellte sich rasch auf. Vor allem, weil er nun wieder Hölderlin traf, der in der gleichen Stellung bei dem Bankier Jakob Friedrich Gontard untergekommen war. Es bedürfe nur einige Tage des Zusammenseins, meinte der Dichter, um beide zu verjüngen. Hölderlins euphorische Gefühle waren in seiner schwärmerischen Liebe zu Gontards Frau Susette begründet, einer nur zwei Jahre älteren, ausgesprochen schönen und anmutigen Frau; sie war ihm Diotima, die Frauengestalt aus Platons „Gastmahl" und Madonna zugleich. Hegel spürte freilich auch Hölderlins „eingeborenes Unglück"; er erlebte, wie der Freund wegen seiner Beziehung in eine Verwicklung mit hoffnungslosem Ausgang hineingeriet. Er erlebte dabei den Ablauf der Geschichte nicht nur von außen mit, er war selbst in sie verstrickt, „weil er Botendienst zwischen dem Liebespaar in einer vertrackten Situation leistete. Zu Anfang 1799 schreibt Susette Gontard an den [inzwischen] mit Hausverbot belegten Hölderlin: 'Nächsten Monat wirst Du es wohl wieder wagen, Du kannst dann vielleicht durch H(egel) hören, ob ich wieder allein bin.'"[74)]

Der Abschied von Susette Gontard (1798), ihr Tod (1802), das Gefühl der Verlassenheit und ein (vermutlich krankhafter) Hang zur Melancholie lösten bei Hölderlin eine totale Stimmung des Verzichts, eine Abkehr vom Leben, aus. Als er 1802 aus Frankreich zurückkehrte, wo er wieder eine Hauslehrerstelle angetreten hatte, konstatierte man bei ihm eine „Verworrenheit des Verstandes". 1807 mietete er sich in Tübingen bei einem Tischler ein; in dessen Haus, von der Außenwelt isoliert, lebte er 36 Jahre lang, zeitweise geistig umnachtet und des Lebens überdrüssig.

Für Hegel erfolgte mit dem Tod des Vaters am 14. Januar 1799 ein tiefer Einschnitt in seinem Leben. Er erbte nach Aufteilung der Hinterlassenschaft zwischen den Geschwistern ein kleines Vermögen (3154 Gulden, 24 Kreuzer, 4 Pfennig); doch lässt er noch zwei Jahre verstreichen, bis er sich entschließt, die dadurch gewonnene bescheidene Unabhängigkeit für die Vorbereitung einer akademischen Laufbahn zu nutzen. Am 2. November 1800 schreibt er an Schelling, der inzwischen auf Vermittlung Goethes an die Jenaer Universität berufen worden war (im Briefwechsel zwischen den beiden Freunden war seit 1795 eine längere Pause eingetreten), eines

„partikulären Wunsches wegen": Er bitte um die Gefälligkeit, von Schelling für Bamberg, wohin er sich evt. begeben wolle, einen guten Rat zu bekommen, z.B. hinsichtlich Kost, Logis und dergleichen. Schelling war nämlich vor einiger Zeit in die Stadt übergesiedelt, zum einen wegen seiner schwierigen persönlichen Verhältnisse in Jena (er hatte eine Liaison mit Caroline Schlegel, die er nach deren Scheidung von August Wilhelm Schlegel 1803 heiratete) und zum anderen, weil er in einem renommierten Spital der Stadt die Naturheilkunde studieren wollte. Inzwischen, am 1. Oktober 1800, war er jedoch wieder nach Jena zurückgekehrt. Dass Hegel, dessen Intention eigentlich auf die dortige Universität zielte, einen solchen Umweg anstrebte, hing damit zusammen, dass er in seiner Frankfurter Beschaulichkeit das Jenaer turbulente gesellschaftliche Leben scheute; dieses war bestimmt vom frühromantischen Kreis, dem Schelling, die Brüder August Wilhelm und Friedrich Schlegel und deren emanzipierte Frauen angehörten. (Friedrich war mit Caroline, geborene Mendelssohn, Tochter des Aufklärungsphilosophen Moses Mendelssohn, verheiratet.)

Umschweifig fragt Hegel nach Schellings Bamberger „Lokalkenntnis", und ob dieser ihm möglicherweise auch einen anderen Ort, zum Beispiel „Erfurt, Eisenach oder dergleichen" empfehlen könne. „Deinem öffentlichen großen Gange habe ich mit Bewunderung und Freude zugesehen; Du erläßt es mir, entweder demütig darüber zu sprechen oder mich auch Dir zeigen zu wollen; ich bediene mich des Mittelworts, daß ich hoffe, daß wir uns als Freunde wieder finden werden. In meiner wissenschaftlichen Bildung, die von untergeordneten Bedürfnissen der Menschen anfing, mußte ich zur Wissenschaft vorgetrieben wer-

F.W.Bollinger nach einem Gemälde von K. Zeller: G.W.F. Hegel; BPK Arch.-Nr.10012359

den, und das Ideal des Jünglingsalters mußte sich zur Reflexionsform, in ein System zugleich verwandeln; ich frage mich jetzt, während ich noch damit beschäftigt bin, welche Rückkehr zum Eingreifen in das Leben der Menschen zu finden ist. Von allen Menschen, die ich um mich sehe, sehe ich nur in Dir denjenigen, den ich auch in Rücksicht auf die Aeußerung und [der] Wirkung auf die Welt [als] meinen Freund finden möchte; denn ich sehe, daß Du rein, d.h. mit ganzem Gemüte und ohne Eitelkeit, den Menschen gefaßt hast. Ich schaue darum auch, in Rücksicht auf mich, so voll Zutrauen auf Dich, daß Du mein uneigennütziges Bestreben, wenn seine Sphäre auch niedriger wäre, erkennest und einen Wert in ihm finden könntest. – Bei dem Wunsche und der Hoffnung, Dir zu begegnen, muß ich, wie weit es sei, auch das Schicksal zu ehren wissen und von seiner Gunst erwarten, wie wir uns treffen werden. Lebe wohl, ich ersuche Dich um baldige Antwort. Dein Freund Wilh. Hegel."[75)] Auf Schellings Anraten begab sich Hegel dann doch, im Januar 1801, ohne vorsichtig-abwartende „Zwischenstation", direkt in den „Saus" von Jena und nahm zunächst bei diesem Logis. Im August des gleichen Jahres konnte er sich habilitieren und die Venia legendi erhalten; die Ernennung zum a. o. Professor für Philosophie, mit der kümmerlichen Besoldung von jährlich 100 Talern, erfolgte freilich erst 1805 und bedurfte mehrfacher Bemühens. So schrieb er am 29. September 1804 an die Adresse Goethes im Weimarer Ministerium (im gleichen Jahr war er durch die Jenaer „Mineralogische Societät" zum Assessor und durch die „Naturforschende Gesellschaft Westphalens" zum „ordentlichen Mitglied" ernannt worden): „Indem ich höre, daß einige meiner Kollegen der gnädigsten Ernennung zum Professor der Philosophie entgegensehen und hierdurch daran erinnert werde, daß ich der älteste der hiesigen Privatdozenten der Philosophie bin, so wage ich, der Beurteilung Euer Exzellenz es vorzulegen, ob ich nicht durch eine solche, von den höchsten Autoritäten erteilte Ausgleichung in der Möglichkeit, nach meinen Kräften auf der Universität zu wirken, beschränkt zu werden befürchten muß ... Ich weiß zu sehr, daß diese Umstände der Ergänzung durch die gnädigen Gesinnungen Euer Exzellenz bedürfen ... zugleich aber auch, wie sehr dadurch, daß die Durchlauchtigsten Erhalter wenigstens diese gnädige Rücksicht auf mich nähmen, mich nicht anderen nachzusetzen, meine Bestrebungen angefeuert würden."[76)]

Als ein Jahr später Hegel berufen wurde, hieß es in Goethes Begleitschreiben: „Sehen Sie Beikommendes, mein lieber Doktor, wenigstens als einen Beweis an, daß ich nicht aufgehört habe, im Stillen für Sie zu wirken. Zwar wünschte ich mehr anzukündigen; allein in solchen Fällen ist manches für die Zukunft gewonnen, wenn nur einmal der Anfang gemacht ist."[77)]

Die Universität trieft von Philosophie

Die eigentliche literarische Gährung war in Jena zwar schon vorüber. Fichte, wegen der Anklage auf Atheismus ausgeschieden, war bereits in Berlin. Das Athenäum der Schlegel, diese piquante Zeitschrift, welche das Publicum an die Paradoxie gewöhnte, war schon wieder eingegangen. Die Romantiker hatten sich zerstreut. Novalis war 1800 in Weißenfels gestorben und Tieck im Sommer desselben Jahres weggezogen. Schelling endlich, als außerordentlicher Professor von Leipzig gekommen, war wenigstens keine Neuheit mehr.

Aber die Bewegung ging nun in die Breite. Jena strotzte von jungen Männern, welche in der Philosophie eine Laufbahn machen wollten. Das Beispiel Reinhold's, Fichte's, Schelling's, ihr schnelles Berühmtwerden, reizte gewaltig und vor Fichte's speculativer Ueberkeckheit konnte man sich durch Vorsicht, vor seinen Disciplinarconflicten mit den Studenten durch Nachgiebigkeit hüten. Die Lectionskataloge der damaligen Jenensen Universität triefen von Philosophie. Sie zeigen eine Musterkarte der mannigfaltigsten philosophischen Standpuncte von dem dogmatisch Wolff'schen an bis zu den romantischen Improvisationen der Naturphilosophie ... Außerdem trugen sich die meisten mit Projecten zu neuen Zeitschriften oder suchten wenigstens, auch des Honorars halber, an einer schon bestehenden mitzuarbeiten.

Die Ambition endlich, zum Professor ernannt zu werden, um aus der Masse der Privatdozenten sich etwas auszuscheiden, war außerordentlich. Wie dies auf Deutschen Universitäten immer der Weltlauf zu sein pflegt, erzeugte dies Streben eine Concurrenz, welche durch Sucht nach protegirenden Bekanntschaften, durch Splitterrichten und Zutragen von Anekdötchen oft gehässig ward. Als daher Baiern seine Unterrichtsanstalten nach einem neuen Plane zu organisiren anfing, konnte es von Jena her eine ganze Kolonie Gelehrter beziehen. Niethammer, Paulus, Schelling ... gingen fort. Die Zurückbleibenden sahen ihnen mit Neid nach und strebten, baldmöglichst dasselbe Schicksal zu theilen.

In diese Lage der Dinge trat Hegel im Januar 1801 ein, zu den vielen hier schon versammelten Schwaben noch ein Schwabe.

(15) Rosenkranz über die Schwaben in Jena

In den sechs Jahren seiner Jenaer Tätigkeit veröffentlichte der früher so bedächtig-langsame Hegel in geradezu unerhört rascher Folge eine Reihe von kleineren und größeren Schriften, mit dem Höhepunkt der Fertigstellung der „Phänomenologie des Geistes", die eigentlich schon die Quintessenz seines Gesamtwerkes enthält. „Da er", so Rosenkranz, „als ein literarisch völlig Unbekannter in schon reiferem Alter plötzlich unter eine Menge trat, in welcher das literarische Treiben allgemein war, so mußte er die Stellung, die er einnehmen würde, wenigstens ungefähr bezeichnen. Auch drängte es ihn, die im Stillen errungene tiefe Bildung mit der des Tages in Wechselwirkung zu setzen."[78]

Als Lehrender hatte es Hegel nicht leicht, sich gegenüber den philosophischen Vorlesungen von zwölf anderen Professoren (darunter sechs Privatdozenten) durchzusetzen. Besonders Schelling brillierte: sein Vortrag soll hinreißend gewesen sein. „Mit persönlicher Zuversicht verband er rhetorische Leichtigkeit. Ueberdem fesselte die Zuhörer der Nimbus eines Revolutionairs in der Philosophie, welchen Schelling stets über sein öffentlichen Auftreten zu verbreiten wußte."[79] Die schlichte Manier Hegels fiel dagegen merklich ab. „Seine Darstellung war die eines Menschen, der, ganz von sich abstrahirend, nur auf die Sache gerichtet, zwar keineswegs des treffenden Ausdrucks, wohl aber der rednerischen Fülle entbehrt, welche den Zuhörer auch äußerlich durch den Fluß der Diction, durch den sonoren Ton der Stimme, durch die Lebhaftigkeit der Geberde gewinnt."[80]

Bei seinem ersten Auftreten hatte Hegel nur elf Zuhörer. Über dreißig ist er nie hinausgekommen. Inhaltlich bestand der wesentliche Unterschied zwischen den beiden freundschaftlich, aber auch miteinander konkurrierenden Philosophen darin, dass Schelling „mehr kritisch allgemeine, principielle Begründungen, Hegel dagegen mehr die Bearbeitung der Philosophie in der Form eines Cyklus von Wissenschaften entwickelte".[81]

Trotz der Schwierigkeit seines Denksystems und der Schwere seines Vortrags – mancher Student mag sich mit dem „Absoluten" bis zur Hypochondrie abgemüht haben – konnte Hegel einen Kreis von Jüngern um sich scharen. Die

Universität Jena; Foto J. Schrenk

Intensität seiner Spekulation habe die Studenten gefesselt. Sein glänzender Blick sei von der tiefsten Idealität durchdrungen gewesen. In seinem Lächeln habe sich der tragische Zug des Philosophen gespiegelt – des Helden, der mit dem Rätsel der Welt ringe. Bewundert (jedoch auch bespöttelt) wurde Hegels Fähigkeit, auch die einfachsten Dinge, etwa die eigene Vergesslichkeit, aufs Abstrakte hin zu deuten. „Einst hatte er nach Tisch etwas geschlafen, erwachte, hörte die Uhr schlagen, glaubte, es sei drei, eilte fort und erschien vor den Zuhörern des Theologen Augusti, der in demselben Auditorium las. Er begann sofort seine Vorlesung, bis einer der Zuhörer ihm mit vieler Mühe seinen Irrthum, und daß es erst zwei Uhr sei, bemerklich machte. Inzwischen war aber auch Augusti gekommen, hörte an der Thür im Auditorium sprechen, horchte, erkannte Hegel's Stimme und zog nun wieder ab, weil er glaubte, daß er sich geirrt habe und um eine Stunde zu spät gekommen sei. Als nun um 3 Uhr sich Hegel's Zuhörer einfanden, sagte dieser: ‚Meine Herren, von den Erfahrungen des Bewußtseins über sich selbst ist die erste die Wahrheit oder vielmehr Unwahrheit der sinnlichen Gewissheit. Bei dieser sind wir stehen geblieben und ich habe selbst vor einer Stunde eine besondere Erfahrung davon gemacht.' Von dem kurzen Lächeln aber, mit dem er diese Worte begleitete, ging er sogleich wieder zu seinen gewohnten philosophischen Ernst über."[82)]

Was das konkrete irdische Dasein, etwa die Lebensgenüsse betraf, so war Hegel, im Essen bescheiden, neben Bier vor allem an einem guten Wein interessiert; er bezog ihn fässchenweise von der Erfurter Handlung „Gebrüder Ramann".

Hoffnung auf guten Wein

P.P.
Ich bitte mir wieder einen Eimer Pontak aus, aber ersuche Sie, ihn aber sobald als möglich so zu verladen, daß er die Nacht durch unterwegs sei, da er bei gegenwärtiger Zeit des Tags zu Schaden käme; alsdann mir eine gute Qualität zu schikken, indem ich finde, daß von Ihnen zu denselben Preisen Weine hieher kommen von besserer Qualität, als die ich erhalte, da ich durch meinen Konsum und Richtigkeit der Bezahlung ebenso guter würdig zu sein glaube; in dieser Hoffnung wende ich mich also um einen Eimer à 26 Thler an Sie.
Ich übersende hierbei fünf Karolin an der Rechnung und bitte Sie, daran gut zu schreiben, und bin
Ihr gehorsamer D[iene]r
D. Hegel

(16) Hegel an die Firma der Gebrüder Ramann in Erfurt

Das 'Philisterium' im Stadtmuseum Jena (heute Weinstube); Foto J. Schrenk (2003)

Sein Quartier nach der Untermiete bei den Schellings war sehr einfach (auf einem alten Fechtboden); an Hab und Gut hatte er nur wenig. Mit der Frau seines Hauswirts, Christiane Charlotte Burkhardt, hatte Hegel ein Verhältnis, wobei er wohl nicht besonders um sie werben musste. Am 5. Februar 1807 wurde er Vater eines Sohnes. „Das Jenaer Taufbuch stellt nicht ohne Perfidie fest, daß der Mutter damit ‚zum dritten Mal ein unehelicher Sohn' geboren worden sei, nachdem ihr bereits ‚in Unehren eine Tochter' und ‚zum 2. Male in Unehren ein Sohn' unterlaufen sei. Das alles und noch dazu in einem solchen Milieu ließ sich in einer kleinen Stadt wie Jena nicht verheimlichen. Allein damit wäre für Hegel, der ohnehin schon in der Universität im Kreise um [den Prorektor Georg Andreas] Gabler auf Gegner gestoßen war, die seine Ernennung zum Professor zu hintertreiben versucht hatten, an ein behagliches Leben schwerlich zu denken gewesen. Es kommt hinzu: ‚die Burkhardt', wie er sie nennt, dringt offenbar mit Beharrlichkeit auf ein Eheversprechen. Hegel scheint es ihr gegeben zu haben, schon um ein größeres Aufsehen, das bei seiner Weigerung leicht hätte erregt werden können, zu vermeiden. Das gehört zu einer anderen, von den Kirchenakten abweichenden Version, wonach Christiane Charlotte Burkhardt während ihrer Beziehung zu Hegel wieder verheiratet gewesen sein müßte und an eine Ehe mit Hegel gedacht hätte für den Fall, daß ihr Mann tot sei. [Karl-August] Varnhagen bringt am 4. Juli 1844 zu Papier, was er von Hegels Schüler Leo gehört hatte. ... ‚Hegel hatte in Jena bei Schneiderleuten gewohnt und mit der Frau eine Liebschaft angeknüpft; als ihm ein Sohn geboren war, starb der Schneider bald, und Hegel gab nun der Witwe ein Eheversprechen ... Als er Jena verlassen hatte, dachte er wenig mehr an die ganze Sache. Doch bei der Heirat mit Marie von Tucher erschien plötzlich die Schneiderwitwe mit dem Eheversprechen ... und mußte beschwichtigt und abgefunden werden.' Die Tatsache des illegitimen Sohnes jedenfalls wird dem Anwalt der Legitimität noch schwer zu schaffen machen. Mit der Geburt des Ludwig Fischer, wie er sich später nach dem Familiennamen der Mutter nennen muß, beginnt ein bedauernswertes menschliches Schicksal, das von seinem Vater ‚schließlich nicht mehr zur Kenntnis genommen wird'."[83)]

Ein paar Monate vor der Geburt des als „Bastard" verschrienen unehelichen Hegelsohnes, am 13. Oktober 1806, hatte der napoleonische Krieg gegen Preußen Jena erreicht. Der Imperator zog in die Stadt ein. Die Universität wurde geschlossen. Hegel bewunderte Napoleon durchaus. Am Tag des Einmarsches der französischen Truppen schreibt er an Niethammer: „Gestern abend gegen Sonnenuntergang sah ich die Schüsse der französischen Patrouillen zugleich von

Das Fichte-Zimmer im Romantiker-Haus in Jena; Foto J. Schrenk

Gempenbachtal und von Winzerla her; die Preußen wurden aus dem letzteren in der Nacht vertrieben, das Schießen dauerte bis nach 12 Uhr, und heute zwischen 8 und 9 Uhr drangen die französischen Tirailleurs – und eine Stunde nachher die regulären Truppen ein; diese Stunde war eine Stunde der Angst, besonders durch die Unbekanntschaft der Menschen mit dem Recht, das jeder nach dem Willen des französischen Kaisers selbst gegen diese leichten Truppen hat, – ihren Forderungen nicht Folge zu leisten, sondern mit Ruhe ihnen das Nötige zu geben; es sind durch ungeschicktes

Blick von der Altenburg auf Bamberg; Foto J. Schrenk

Verhalten und unterlassene Vorsicht manche in Verlegenheit gesetzt worden ... Den Kaiser – dieser Weltseele – sah ich durch die Stadt zum Rekognoszieren hinausreiten; – es ist in der Tat eine wunderbare Empfindung, ein solches Individuum zu sehen, das hier auf einem Punkt konzentriert, auf einem Pferde sitzend, über die Welt übergreift und sie beherrscht."[84] Die Soldaten der „Weltseele" erwiesen sich freilich als ziemlich unangenehm. Sie plünderten nicht nur die Stadt, sondern auch Hegels Wohnung und brachten dabei seine Papiere „wie Lotterielose in Unordnung", so dass er größte Mühe hatte, „das Nötige herauszufinden"[85].

Hegel befand sich insgesamt in einer misslichen Situation: Die Lebensverhältnisse waren ungeordnet; die Geldnot war groß und das Vermögen längst aufgebraucht; die Einkünfte aus Publikationen und Gehalt erwiesen sich als zu gering, um davon leben zu können; dazu kam die politische Lage; die Universität befand sich nach der Wiedereröffnung im Rückgang, die Freunde waren nach Bayern abgewandert. All das ließ ihn ein durch Niethammer vermitteltes Angebot, die Redaktion der „Bamberger Zeitung" zu übernehmen, bei allen Bedenken und der Überzeugung, dass es sich nicht um etwas Definitives handeln könne, als eine gewisse Befreiung erscheinen. Am 20. Februar 1807, zwei Tage nach der Geburt seines Sohnes, schrieb er an den Freund, der – auf dem Sprung nach München – noch in Bamberg wohnte. „Mit umlaufender Post beantworte ich den Brief Ihres freundschaftlichen Wohlwollens, den ich heute erhalte. Ich danke zuerst für den Antrag, den mir dasselbe verschaffte und den ich anzunehmen entschlossen bin. Ich habe dabei nicht nötig, Ihnen die Art, wie ich dieses Geschäfte ansehe und inwiefern ich es übernehme, zu detaillieren, denn ich stimme ganz mit derjenigen überein, die Ihrem Wohlwollen zugrunde liegt. – Ich kann nämlich dieses Engagement nicht für etwas Definitives ansehen, und da die Geldbedingungen geringer ausgefallen, als wir beide wünschten und hofften, so muß ich auch von dieser Seite weiter sehen; denn mit einer Summe von 540 Fl. werde ich, wie ich genau berechnen kann, nicht auskommen können. Sie sind dabei selbst so gütig, Ihre Aussichten, zu denen ich zuerst Ihnen, dann Bayern und dann Ihren Freunden Glück wünsche, zu erwähnen und mir zu sagen, daß ich sie in die Berechnung bei der Aufnahme dieses Engagement eintreten lassen dürfe. Das Geschäfte selbst wird mich interessieren, da ich, wie Sie selbst wissen, die Weltbegebenheiten mit Neugierde verfolge, und von dieser Seite hätte ich mich eher dafür zu fürchten und dazu abzuziehen. – Ich hoffe auch, mich bald darein finden zu können. Welcher Ton und Charakter übrigens in die Zeitung gebracht werden könne, dies ist an Ort und Stelle zu sehen. Man kann unsre Zeitungen meist alle für schlechter ansehen als die französischen, und es würde uninteressant sein, eine Zeitung der Art der letzteren zu nähern, ohne jedoch das, was der Deutsche vornehmlich verlangt, eine Art von Pedanterie und Unparteilichkeit der Nachrichten, aufzugeben."[86]

Zwischen Februar und März 1807 ging Hegel nach Bamberg und wohnte kurze Zeit bei den Niethammers. Der Wechsel ließ sich zunächst gut an. In der fürstbischöflichen Residenz wurden viele unterhaltsame Hoffeste veranstaltet. Ein französisches Theater machte Hegel mit wichtigen Stücken und Darstellern vertraut. Die Damen glaubte er in Bamberg auf einer höheren Kulturstufe als diejenigen von Jena anzutreffen. Zudem war das Bier, vor allem im Felsenkeller, gut.

Die Zeitung redigierte Hegel freilich nur bis Herbst 1807. Kritisch vermerkt Rosenkranz, dass sie unter Hegels Ägide „keine Spur von leitendem oder, wie man damals sagte, raisonnirenden Artikeln" zeigte. In einer Ankündigung habe sie zwar auch einmal versprochen, den Ideen des Wahren, Guten und Schönen zu huldigen und sich eines edlen Stils zu befleißigen, allein mit dieser „herkömmlichen buchhändlerischen Ausbietung" hätte Hegel nichts zu schaffen gehabt.[87] Dieser fühlte sich bald wie auf einer „Galeere"; auch war die Vergütung zu gering. Wieder half Niethammer. Im November 1808 trat Hegel sein Amt in Nürnberg an.

Das Bamberger Blatt

Als Hegel sich im März 1807 in die Bamberger Redaktionsstube begab, um das „Zeitungsgeschäft" zu beginnen, nahm er damit eine Tätigkeit auf, die zu jener Zeit ohne große Vorkenntnisse des Metiers zu bewältigen war. Zum Journalisten gehörte neben einem gesunden Menschenverstand der Hang zur Kritik und das Bewusstsein des Besserwissens ... Die technische Seite des Zeitungsmachens stellte darüber hinaus neben dem anfallenden Zusammenstellen der Nachrichten, die dem Pariser *Moniteur* als Hauptquelle entnommen wurden, keinerlei höhere Anforderungen an den Zeitungsmann ... Dem Blatt, das täglich erschien, fehlte jede äußere Ansehnlichkeit. Es war auf Löschpapier in Quartformat gedruckt, bestand aus zwei Blättern oder acht Spalten, von denen die letzte (und zuweilen auch die vorletzte) die Lokalnachrichten in Kleindruck enthielt ... Zu Hegels Aufgabe gehörte es, die Nachrichten in einer für die Zensurbehörde annehmbaren Form zusammenzustellen und zu redigieren. Das allein erforderte Geschick und eine Neigung zur Vorsicht, über die Hegel in ausreichendem Maße verfügte. Um die gewünschte napoleonfreundliche Linie zu erhalten, brauchte er sich keinen Zwang antun. Und dass der Staat, hier der bayerische, nicht in das Kreuzfeuer der Pressekritik geraten durfte, verstand sich für den Beamtensohn Hegel von selbst. Er zweifelte nicht im geringsten daran, dass die Presse eine im Dienst des Staats stehende Institution ist und zu sein hat ... Der Gedanke von der Presse als einer den Staat kontrollierenden Instanz lag ihm von seiner Herkunft, seiner Erziehung, der Konstruktion des Staats, den politischen Verhältnissen des vornapoleonischen und des napoleonischen Deutschlands völlig fern. Hätte er anders gedacht, wäre er für die *Bamberger Zeitung* zweifellos nicht der richtige Mann gewesen, hätte er sich nicht um Staatszuschüsse für das Blatt bemühen können ... Das bedeute [aber] nicht, dass sich Hegel in die ihm von der Regierung zugedachten Rolle schlechthin gefügt hätte. Bereits das von ihm angestrebte Gleichgewicht zwischen Nachrichten- und Meinungspresse ging weit über die in Bayern geltende Regelung für das Zeitungswesen hinaus. Das heißt, es ging schon zu weit. Hegel war als Redakteur wie als Philosoph ein Meister darin, sich durch Hintertüren Zugang zu verschaffen, er kennt sich im Finden von Umwegen und Schleichwegen aus, die zum Ziele führen. Dazu gehört seine Einführung von Privatkorrespondenten, von Gewährsleuten für besonders zuverlässige Berichte, die dann auch sofort das Misstrauen der Regierung erregen. Die bayerische Obrigkeit unterscheidet auch in der Ära Montgelas genau zwischen „offiziellen" und „gewagten" Nachrichten, also zwischen genehmen und unerwünschten, zu publizierenden und zu unterlassenden. Durch seine „Privatkorrespondenten", die „Eigenberichte" schreiben und damit Farbe in dieses vom bloßen „Nachgedruckten" beherrschte Blatt bringen, hat sich Hegel und durchaus nicht ohne Erfolg gegen den Anschlag der Regierung gewehrt, ihn zu ihrem Büttel zu machen.

(17) Althaus zu Hegels Zeitungsgeschäft

II.5. Es fehlen die Abtritte

Die Schule in Nürnberg, deren Leitung Hegel übernahm, konfrontierte und belastete ihn, der die Abstraktion und den Höhenflug der Begrifflichkeit so hoch schätzte, zunächst mit der vollen Schwerkraft konkret-irdischer Misere. Der „spekulative Pegasus" fühlte sich, um ein Wort von Rosenkranz abzuwandeln, in

St. Egidienkirche und -Gymnasium im Jahr 1696, vor der Zerstörung durch Brand; Stadtarchiv Nürnberg; Inv. Nr. E 13-II G.0064

Egidienkirche und -Gymnasium nach dem Wiederaufbau; um 1700. Stadtarchiv Nürnberg, Inv. Nr. E 13-II G.0335

ganz besonderem Maße „an den Schulkarren gesperrt". Die Gebäude waren seit fünfzig Jahren nicht mehr getüncht worden. Sie befanden sich generell in äußerst schlechtem Zustand: „Seit es anfängt, kalt zu werden, leide ich fortwährend an Rheumatismen und habe meine Rede mit Zahnschmerzen und geschwollenem Backen gehalten, denn die Zugluft auf meinem Zimmer ist zwar fähig, einer Äolsharfe angenehme Töne zu entlocken, aber mir nur Plage zu machen; für die andern Schullokale ist dringende Hilfe nötig, damit die Lektionen angefangen werden können."[88] Man habe doch schon seit längerem dem König berichtet, dass die bayerischen Schulen insgesamt mit „schmutzbedeckten Spelunken" zu vergleichen seien, in denen die „längst daran gewöhnten Lehrer in Trübsinn und Erschlaffung zur Unwirksamkeit herabsänken"[89]. Als das Schlimmste seiner Einrichtung empfand Hegel, dass es überhaupt keine Abtritte gäbe. Darüber führte er Niethammer gegenüber bittere Klage: „Diese Geschichte ist gar zu schmählich und sozusagen scheußlich. Ich habe den Kultusadministrator, unter dem diese Gebäude noch stehen, und den Bauinspektor wiederholentlich schriftlich und mündlich um Abhelfung dieses schimpflichen

Volksschulklasse um 1870; Bildarchiv H. Glaser, Roßtal

Uebelstandes angegangen, heute ist noch nichts geschehen. Sie haben uns ... eine doppelte Mittelklasse im Gymnasium und eine zweite Primärschule dekretiert; zwei Abtritte wären uns eine viel größere Wohltat, aber nicht dekretierte, sondern gemachte. – Bei der Aufnahme von Schülern muß ich nun jedesmal auch danach die Eltern fragen, ob ihre Kinder die Geschicklichkeit haben, ohne Abtritt aus freier Faust zu hoffieren. – Es ist dies ein neuer Teil des öffentlichen Unterrichts, dessen Wesentlichkeit ich habe kennen lernen, nämlich der Hinterteil desselben. – Indem ich nunmehr mich an das Generalkommissariat gewendet habe, um durch die Polizei Abhülfe zu erhalten – weil in einem der Lokale das Militär und die Nachtwächter den notwendigen Ort in Besitz haben, – so ist jetzt zu erwarten, wie weit wir damit kommen. Aber Sie werden sich selbst vorstellen, wie sehr diese Salopperie des Aeußerlichen, die sich sogar auf jenen scheußlichen Uebelstand erstreckt, das Publikum zu keinem Zutrauen kommen läßt, – da für nichts eine Fürsorge noch getroffen ist und eben allenthalben das Geld fehlt."[90]

Den Schreibunterricht in der K. Gymnasialanstalt betr[effend]

Indem die bisherigen beyden Collaboraturklassen, den allergnäd[igsten] Befehlen, München 21. März, gemäß die Lehrordnung von Unterprimärschulen angenommen haben, so kommen nunmehr in denselben mehr wöchentliche Lehrstunden auf die von den Classenlehrern zu behandelnden Gegenstände. Die in ihnen bisher gegebenen wöchentlichen 3 Stunden des Schreibunterrichts mußten daher auf andere Tagesstunden verlegt werden; hievon aber ist die Folge, daß der Schreiblehrer J. Paul Mayer, der diesen Unterricht in den itzigen Unterprimärschulen ertheilt, wegen Collision der Stunden denselben nicht mehr zugleich in dem zweytjährigen Cursus der Oberprimärschule geben kann, und es wird hiemit erforderlich, daß ein anderer Schreiblehrer für die letztgenannte Classe eintrete. Indem ich hievon die allerunterthänige Anzeige mache, glaube ich den ehrfurchtsvollen Antrag machen zu müssen, daß dem hiesigen Volksschullehrer Zitzmann, der eine von [den] besten Handschriften der hiesigen Schullehrer hat, und ein Mann von erprobter Lehrgeschiklichkeit ist, diese Function gnädigst übertragen werden könnte.

Dem gnäd[igen] Ermessen des Kön[iglichen] Commissariats diesen unterth[änigen] Vorschlag anheimstellend, verharre in tiefster Ehrfurcht eines Kön[iglichen] Commissariats unterthänigst Gymnasial-Recotorat

(18) Hegel an das Königliche Kommissariat

Auch sonst fehlte es am Notwendigen. So bräuchte man einen Pedell; er sei bei der gegebenen Lokalität, da die zum Gymnasium gehörenden Schulen voneinander entfernt seien, ein „unentbehrliches Bedürfnis". Benötigt würde ein Kopist, da viele Vervielfältigungen anfielen. Die Schulbücher seien nicht „wohlfeil". Es gäbe Besoldungsrückstände und Schwierigkeiten, die notwendigen Unterrichtsstunden zu besetzen. Hegels Tätigkeit war also von vielen verdrießlichen „Amtdienstzerstreuungen" bestimmt. Zudem war er, der immer noch von früherer Zeit her verschuldet war, mit seinem Gehalt unzufrieden. Er erhielt jährlich 900 Gulden als Professor sowie als Rektor zusätzlich 100 Gulden und freie Wohnung (im Schulgebäude), wobei letzteres die Administration so auslegen wolle: 100 Gulden *oder* freie Wohnung. „In diesem Falle muß ich gestehen, daß ich gerne jedem das Rektorat abtreten möchte."[91)]

II.6 Schulleiter und Schulrat

Hegel ließ sich jedoch durch die real existierenden Widrigkeiten nicht in seinem pädagogischen Eros irritieren. Er widmete sich seinem Amte, so Rosenkranz, „mit vollster Hingebung, mit unermüdlichem Eifer"[92)]. Obwohl die universitäre Kathederwirksamkeit für Hegel unstreitig die angemessenste, sei die Gymnasiallehrertätigkeit keineswegs seiner Individualität fremd gewesen. „Schon in seinen Knabenjahren konnten wir einen pädagogischen Tic in ihm bemerken. Acht Jahr hindurch war er Hauslehrer gewesen. So dürfen wir denn sein Rectorat am Aegidiengymnasium nicht blos als eine Zuflucht der Noth, sondern müssen es zugleich als ein Geschäft ansehen, das er mit innerer Freudigkeit übernahm, wie sich dies auch in allen Briefen ausdrückt, die er von Nürnberg aus schrieb."[93)]

Hegel war ein engagierter Pädagoge, der organisatorisch, inhaltlich und me-

Censur
des Herrn Wolfgang Carl Leisner
Schüler der Untergymnasial-Classe
der Königl. Gymnasial-Anstalt zu Nürnberg
1809 auf 1810.

Zeigt sehr gute Anlagen zu allen Lehrgegenständen
seiner Classe. Er urtheilt richtig, ist nachdenkend, und im
Gedächtnis fest haltend. Seine Gedächtnisübungen hat er
mit Leichtigkeit gelernt, auf seine Lectionen war er stets
sorgfältig vorbereitet, seine Aufgaben hat er mit beson-
nenheit ausgearbeitet, und das, was er gelernt hat, zu
Hauß fleißig wiederholt. In allen Lehrgegenständen
machte er gute Fortschritte, in der Geschichte, Geographie
und Mythologie aber erwarb er sich vorzüglich gute
Kenntnisse. In der französischen Sprache gelang es seiner
Anstrengung beim Durchgang durch den Elementarcursus
sich in kurzer Zeit zur Theilnahme an dem Unter-
richte der zweiten Gymnasialabtheilung zu habilitieren,
in welcher er auch mit Ehren seinen Platz dieses be-
hauptet hat. Er schreibt schön. Im Zeichnen ist er ein
langsam arbeitender Schüler. Sein Betragen war größten-
theils treu und gut.

Zur beglaubigung der Abschrift
Hegel Rector

Nürnberg d. 25 8br. 1810.

Zeugnis Hegels aus dem Jahre 1810;
Stadtarchiv Nürnberg, Inv. Nr. E1-1000-
0012 (2)

thodisch das Erziehungswesen in wesentlichen Punkten voranbrachte. In der bei ihm gegebenen Einheit von Pädagogik, Praxis und Theorie, strenger Sachlichkeit und wohlwollendem Einfühlungsvermögen, hatte er große Bedeutung für die Nürnberger, bayerische und allgemeine Bildungspolitik. Seine neue Aufgabe empfand er als inneren Auftrag. Es galt, die Melanchthonschule, die mit reichsstädtischem Glanze im Jahre 1526 gegründet worden war, neu zu restituieren – „aufzuheben" (im Hegelschen dreifachen Wortsinne):

Ihre Tradition als erstes humanistisches Gymnasium in der deutschen Bildungsgeschichte zu bewahren (der alten Lateinschule waren damals Griechisch und Mathematik als Pflichtfächer hinzugefügt worden); nach wechselvollem Schicksal die Schwächen der Schule zu überwinden (zu Beginn des 18. Jahrhunderts war sie auf einen Tiefstand gesunken); und sie durch eine Neukonzeption „höherzubringen". Schon in Hegels erster Jahresabschlussrede am 19. September 1809 hieß es dementsprechend: „Die neue Anstalt hatte ... den Vorteil, auf alte, mehrere Jahrhunderte bestandene Anstalten, nicht auf eine neue, zu folgen; es konnte sich somit an sie die vorhandene Vorstellung einer langen Dauer, eines Bleibenden knüpfen, und das entgegenkommende Zutrauen wurde nicht durch den Gegengedanken gestört, daß die neue Einrichtung etwas vielleicht nur Vorübergehendes, Experimentartiges sei ... Ein innerlicher Grund des Zutrauens ist aber, daß die neue Anstalt bei wesentlicher Verbesserung und Erweiterung des Ganzen das Prinzip der älteren erhalten hat, und insofern nur eine Fortsetzung derselben ist. Und es ist merkwürdig, daß dieser Umstand das Charakteristische und Ausgezeichnete der neuen Einrichtung ausmacht."[94]

Aus dem bayerischen „Normativ"

1) In der *Unterclasse* kann der Anfang der Uebung des speculativen Denkens mit dem formellen Theil der Philosophie, nämlich mit der *Logik*, gemacht werden. Dabei ist dann vorzüglich auf die logikalische Technik und eine hinreichende Bekanntschaft mit den logikalischen Gesetzen zu sehen, wobei von der einen Seite (formell) Gelegenheit genug ist, den Scharfsinn der Jünglinge zu üben, von der andern Seite aber (materiell) doch auch die technische Fertigkeit in der scientifischen Logik erlangt wird, die in den übrigen philosophischen Wissenschaften vorausgesetzt wird. In dieser Rücksicht kann es sogar zuträglich sein, die Schüler auch in dem logikalischen Calcul von *Lambert* und *Ploucquet* zu üben.

Schulunterricht im frühen 19. Jahrhundert (Schulmuseum Nürnberg); Foto J. Schrenk

2) Auf diese Uebung an dem formellen Objekt des speculativen Denkens kann, in der *untern Mittelclasse* zum ersten materiellen Objekt der

speculativen Denkübung die *Kosmologie* (nach der alten Eintheilung der Philosophie) gewählt werden, um den Jüngling jetzt mit seinem

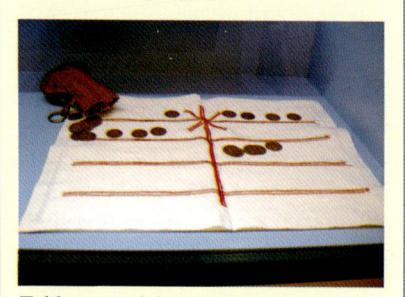

Zahlenunterricht mit den „Nürnberger Rechenpfennigen"; Schulmuseum der Stadt Nürnberg; Foto J. Schrenk

speculativen Denken zuerst aus sich heraus zum Philosophiren über die Welt zu führen. Da sich daran die *natürliche Theologie* in mehr als einem Punct anschließt, so ist diese in demselben Lehrcursus mit der Kosmologie zu verbinden. – Die *Kantschen Kritiken* des kosmologischen und physikotheologischen Beweises für das Dasein Gottes werden von den Lehrern in beiden Rücksichten benutzt werden können.

3) In der *oberen Mittelclasse* kann sodann der Jüngling mit seinem Philosophiren in sich selbst zurückgeführt und zum zweiten materiellen Hauptobjekt der speculativen Denkübung die *Psychologie* gewählt werden. Daran schließt sich die *ethischen* und *rechtlichen* Begriffe von selbst an und derselbe Lehrcursus verbreitet sich auch über diese letzteren. – Für den ersten Theil dieses Lehrcursus sind vorzüglich die psychologischen Schriften von *Carus* zu benutzen; für den letzteren reichen die *Kantischen Schriften* vorläufig aus.

4) In der Oberclasse des Gymnasiums endlich werden die zuvor einzeln behandelten Objekte des speculativen Denkens in einer *philosophischen Encyklopädie* zusammengestellt.

(19) Rosenkranz zitiert aus der von Niethammer entworfenen Lehrordnung

Organisatorisch wurde in Übereinstimmung mit dem Niethammerschen „Normativ" das Gymnasium von der Realschule abgetrennt; doch blieb als gemeinsame Grundlage die klassisch-philosophische Ausrichtung. Der Unterschied bestand in der Gabelung einerseits in die antiken Sprachen Griechisch und Latein, andererseits in die praktisch-realistischen Fächer; (die gesamte Schuleinrichtung umfaßte freilich nicht mehr als etwa 160 Schüler). Inhaltlich sollte vor allem der Gymnasialunterricht – und da war Hegel in seinem Element – die Schüler zum spekulativen Denken anleiten „und sie dann durch stufenweise Übung bis zu dem Puncte führen, auf dem sie für das systematische Studium der Philosophie, womit das Universitätsstudium beginnt, reif waren".[95]

Methodisch praktizierte Hegel zwar einen gewissen Schematismus; doch ermunterte er auch die Schüler zur aktiven Mitarbeit in Form eines seiner Zeit weit vorauseilenden diskursiven Verfahrens zwischen Lehrer und Schüler. „Er dictierte Paragraphen und erläuterte sie, scharf, eindringlich, aber ohne große äußere Lebendigkeit. Zwar las er nicht ab, was er sagte, hatte aber die Papiere vor sich liegen und sah vor sich hin, Taback rechts und links reichlich verstreuend. Das Dictat mußten die Schüler noch einmal sauber abschreiben. Die mündliche Erläuterung mußten sie ebenfalls schriftlich aufzufassen suchen. Von Zeit zu Zeit rief Hegel den einen und andern auf, seine Nachschrift vorzulesen, theils um die Aufmerksamkeit für den Vortrag in Spannung zu erhalten, theils um für eine Controle des Nachgeschriebenen zu sorgen. Auch diese Nachschrift ließ er mitunter in's Reine schreiben. Zu Anfang einer jeden Stunde rief er Einen auf, den Vortrag der letzten Stunde mündlich kurz zu wiederholen. Jeder durfte ihn fragen, wenn er etwas nicht recht verstanden hatte. In seiner Gutmüthigkeit erlaubte Hegel, ihn selbst im Vortrag zu unterbrechen, und oft ging ein großer Theil der Stunde mit dem Auskunftgeben auf solche Bitten hin, obwohl Hegel die Fragen unter allgemeine Gesichtspuncte zu bringen wußte, die sie mit dem Hauptgegenstande in Verbindung erhielten."[96]

Hegel legte Wert auf Ordnung und Disziplin: „...wie der Wille, so muß auch der Gedanke beim Gehorsam anfangen"[97]; aber jedes Autoritätsgehabe lag ihm fern. Er konnte auf seine vielseitige Kompetenz bauen. „Der Gedanke, daß Hegel früher schon Studenten Philosophie vorgetragen habe, daß er ein berühmter Schriftsteller und mit vielen berühmten Männern in literarischem wie persönlichem Verkehr sei, imponirte den Schülern gewaltig. Aber auch der tiefe Ernst, der aus Allem, was Hegel sagte und that, nachhaltig hervorblickte, die sachliche Gravität, die ihn umschwebte, hielt die Schüler in großer Ehrfurcht vor ihm. Die Vielseitigkeit seiner Bildung unterstützte diesen Eindruck. Wenn Lehrer auf kurze Zeit erkrankten, so übernahm er nicht selten ihre Stunden und die Schüler waren besonders überrascht, als er nicht nur im Griechischen und anderen Gegenständen, sondern auch in der Differential- und Integralrechnung den Unterricht ohne Weiteres fortsetzte."[98]

Hegels Lehren und Wirken war vom

Stundenplan des 'Gymnasium Aegydianum' in Nürnberg (um 1700). Die Schule gilt als „das älteste Gymnasium Deutschlands." (Schulmuseum der Stadt Nürnberg); Foto J. Schrenk

„Unterthänigster Bericht des Gymnasial-Rectorats, den Gymnasialfiskus zur Unterstützung armer Studierender betreffend", adressiert an das Königliche Kommissariat der Stadt Nürnberg, ausgestellt „unterthänigst-pflichtschuldigstes Gymnasial-Rectorat Hegel" am 25. Juni 1811; Abdruck mit frdl. Genehmigung des Staatsarchivs Nürnberg (Textauszug S. 75/76)

Prinzip der Sachlichkeit bestimmt, was freundliche Wärme im persönlichen Umgang nicht ausschloss. Man müsse die „Gegenstände", um die es im Unterricht gehe, in ihrer Realität, Qualität, Quantität, Bestimmtheit, Größe, Materie, Form, Veränderung etc. genau kennen. Das Tatsächliche der Phänomene und eine „grenzenlose Freude" an ihnen sei der Ausgangspunkt von lernender Aneignung – nicht als platte Stoffhuberei, sondern als ein Studium des beflügelnden „Wissbaren". Hegel gebraucht „nicht selten und stets mit besonderer Eindringlichkeit Ausdrücke wie ‚Zutrauen zur Sache', ‚Ernst der Sache' und vor allem ‚Respekt vor der Sache'. Sache aber als Gegenstand seines Unterrichts ist ihm nicht irgend etwas, irgendwo und irgendwann. Sache ist wirklich Sache nur, insofern sie teilhat am Ganzen der Wirklichkeit, am Allgemeinen, und also in Richtung auf das allgemeine Objektive reflektierbar ist. Nur so kann sie Gegenstand des bildenden Lernens sein. Diese Sache ernst nehmen, ihr auf den Grund gehen wollen und somit ihrer Erkennbarkeit auf die Spur kommen, das sind notwendige Stationen im Ablauf eines Lernvorganges, der eine vertiefte, wissenschaftliche Sehweise zum Ziele hat. Bildung, so verstanden, fordert Arbeit."[99] (Damit rehabilitiert Hegel die von einer repressiven Schulpolitik, zum Beispiel kirchlicher Schulaufsicht, immer wieder unterdrückte Curiositas als ein den Geist bewegendes Element – heute gehirnphysilogisch bestätigt: wird doch das Gehirn in seiner Entwicklung, vor allem im jugendlichen Alter, durch motivierende exogene Attraktoren, die Neugier hervorrufen, bestimmt.)

Mit großer Sachlichkeit und großem Einfühlungsvermögen nahm Hegel die mit seiner Rektorentätigkeit verbundene Beurteilung der Lehrkräfte vor. „… Professor Rehberger, Klassenlehrer der Mittelklasse. Fähigkeiten: Gründlicher Sinn fürs Klassische, der alten und unserer Sprache; mit klarem und nachdenkendem Eindringen. Kenntnisse: Gründliche, sichere Sprache, historische und geographische. Vortrag: Gedacht, ernst, deutlich. Fleiß: Unausgesetzte Pünktlichkeit ungeachtet einer kränklichen Constitution. Liest immer mit mehrern Schülern privatim unentgeldlich latein[ische] u[nd] griechische Autoren, fortgesetzte Lecture der alten und neuen klassischen Werke. Betragen: Durchaus rechtschaffen. Allgemeines Prädikat: sehr gut – oder vorzüglich."[100]

Freundlich-milde Sachlichkeit bestimmte auch Hegels Verhältnis zu den Schülern. Nähe über Distanz. Das zeigte sich nicht zuletzt in der Hilfe, die er minderbemittelten Schülern zukommen ließ. Primaner redete er mit „Herr" an. Abgesehen davon, dass dies ihrem Selbstgefühl schmeichelte, so „hatte er dabei die Absicht, sie durch diese Form zu derjenigen Männlichkeit mitzuerziehen, die man auch am Jüngling nicht vermissen mag: zum Bewußtsein der Verantwortlichkeit des Thuns."[101]

Unterthänigster Bericht des Gymnasial-Rectorats, die Unterstützung armer Studierender betreffend. 26. Juni 1811

Unterzeichneter glaubt eine Unterstützung von etwa sechzig Gulden für Georg Michael Adloff, Sohn eines pensionirten Fouriers dahier, 18 Jahre alt, Schüler der Oberklasse des Gymnasiums, unterthänigst in Vorschlag bringen zu dürfen. … Unterzeichneter hat erst vor kurzem erfahren, daß derselbe, so sein Vater, sein Brod durch Abschreiben kümmerlich verdient, und dazu seine freyen

> Stunden und häuffig ganze Nächte anwendet. Dabey macht ihn sein Fleiß bey seinen sehr guten Anlagen, und sein sittliches Betragen, der gnädigsten Rücksicht des Königl[ichen] Kommissariats so würdig, als einen derjenigen, denen eine Unterstützung zu theil geworden ist ...
> unterthängist-pflichtschuldigstes Gymnasial-Rectorat
>
> (20) Hegel an den Gymnasialfiskus

Aus schriftlich überlieferten Zeugnissen von Schülern kann man erfahren, welche bedeutsam-positive Wirkung insgesamt Hegel als Lehrer und Schulleiter ausübte. Übereinstimmend wird berichtet, „wie liebenswürdig dieser Mann im persönlichen Umgange, wie teilnehmend er als Hausvater sein konnte. Selbst im alltäglichen geselligen Verkehr wirkte er durch sein treffendes Urteil belehrend sowie erheiternd durch seinen Witz"[102]. Georg Wolfgang Lochner, ein späterer Nachfolger Hegels als Rektor des Gymnasiums, schreibt: „Als Lehrer und Rektor den Schülern gegenüber vereinigte Hegel Ernst und Würde mit teilnehmender, die Verhältnisse des einzelnen würdigender und beratender Freundlichkeit ... Es wird kein einziger Fall nachzuweisen sein, in welchem sich rohe Unverschämtheit oder Patzigkeit gegen ihn geltend zu machen gesucht hätte, kein einziger Fall, in welchem er seinetwegen zu strafen veranlaßt gewesen wäre."[103] Ein anderer Schüler, Johann Georg August Wirth, dessen Urteil besonders interessant ist, da zwischen ihm und Hegel offenbar nicht lautere Harmonie bestand, schreibt: „Das Gymnasium in Nürnberg war in jener Zeit eine Musteranstalt im eigentlichen Sinn des Wortes. Gediegene Philologen ... lehrten die beiden alten Sprachen mit Liebe und machten ihre Zuhörer nicht bloß mit dem Bau derselben, sondern auch mit dem Geist der klassischen Schriftsteller vertraut ..." Was aber wohltätiger wirkte und die Anstalt in hohem Grade auszeichnete, sei die Art gewesen, wie Hegel die Schüler behandelte. „Von der unteren Gymnasialklasse an, wo man noch vier Jahresstufen bis zur Universität hatte, redete er jeden Schüler mit ‚Herr' an und bemaß hiernach auch seinen Tadel oder seine Zurechtweisungen. Ein solches achtungsvolles Benehmen eines Mannes, dessen Ruf täglich stieg, gegen junge Leute erweckte in diesen ein ungemein hebendes Selbstgefühl, dem notwendig das Verlangen entsprechen mußte, durch anständiges Betragen einer solchen Auszeichnung sich würdig zu machen. Wie groß war deshalb die Verwunderung, welche die erste Unterrichtsstunde im Gymnasium zu Nürnberg hervorbrachte! Das urbane Benehmen eines gefeierten Lehrers, die ehrerbietige Aufmerksamkeit der Schüler, der letztern Bestreben nach feiner Sitte: der akademische Anstand des Ganzen! Das Beispiel von Hegel wurde allmählich auch von den übrigen Professoren befolgt, und so schien die Anstalt schon eine hohe Schule zu sein. Jetzt lernte ich die Einflüsse der Freiheit auf Geist und Herz begabter Jünglinge zum ersten Male kennen. Ach wie ganz anders wirkt freie Erziehung als ein sklavisches Zuchtregiment! Es lebte unter uns eine Zufriedenheit, ein erhebender Stolz, ein freudiger Trieb zum Anstreben an Bildung und edle Sitte, wodurch die wohltätigsten Erfolge erzielt wurden. Meine Überzeugung gebietet mir jetzt oft, dem System und den nachmaligen Grundsätzen meines alten Lehrers mit Nachdruck zu widersprechen; doch als Rektor in Nürnberg wirkte Hegel unendlich segensreich:

Das Heilig-Geist-Spital, einst das größte Nürnberger 'Sozialinstitut'; Foto J. Schrenk

auch in mir entzündete er den unsterblichen Funken der Freiheit."[104)] Hegel als Schulmeister in Nürnberg erwies sich als Vorläufer einer Reformpädagogik, die sich von Drill und Dressur zugunsten von Motivation und Beratung ablöste und die Persönlichkeitsbildung junger Menschen ernst nahm.

Mit der Übernahme des Schulratamtes 1813 durch Hegel – er war nun Referent für Schul- und Studiensachen bei dem Königlichen Stadtkommissariat – erweiterte sich Hegels Zuständigkeits- und Aufgabenbereich wesentlich; er war nun auch für die Volksschulen verantwortlich. „Gott gebe jetzt nur, daß ich der Sache gewachsen bin"; aber von „droben her" – damit meinte er Niethammer und das Ministerium – hoffte er, tatkräftig unterstützt zu werden. Hegels Hauptanliegen war die Verbesserung der Armenschulen. Sie waren ein Indikator für die Reaktion der zunehmend prosperierenden Gesellschaft auf die vorherrschende Not. Die überholten Produktionsverhältnisse infolge der beginnenden Industrialisierung, mit einem Übermaß an beschäftigungslosen Handwerkern, hatten seit Mitte des 17. Jahrhunderts zu einem steten wirtschaftlichen Niedergang der Stadt geführt. Man schätzt, dass im 18. Jahrhundert rund ein Viertel der Einwohner zur Bettelei verurteilt war. Solchen sozialen Problemen, aber auch den neuen qualitativen Anforderungen der beginnenden Industrialisierung war das bestehende System der Armenschulen – Einrichtungen, die als „Freischulen" mit kostenlosem Unterricht den „Zahlschulen" zur Seite gestellt worden waren – nicht gewachsen. Die Armenschulen dienten zudem als ein repressi-

St. Egidienkirche und ehem. Egidien-Gymnasium heute; Foto J. Schrenk

ves Mittel gegenüber dem Konfliktpotential, das sich durch die Auflösung der wirtschaftlichen und sozialen Ordnung ergeben hatte.

> **Aus caritativem Geiste**
>
> 1699 hatte man die Lorenzer Armenschule eröffnet. Seit 1704 unterrichtete der Pietist Ambrosius Wirth 300 Kinder unentgeltlich in seiner eigenen Wohnung, bis ihm endlich 1719 Schulräume im Spital zugewiesen wurden. 1727 richtete man im Jakober Kirchensprengel die „Hallersche Armenschule" ein; schließlich bestand seit Mitte des 18. Jahrhunderts die „Lödelsche Armenschule", die allerdings eher den Charakter eines Stipendiums für bedürftige Kinder hatte. Alle diese Armenschulen waren aus einem caritativen Geist entstanden, der noch in der Tradition der mittelalterlichen Almosenlehre stand. Von dem mildtätigen Werk der Einrichtung einer Armenschule erhofften sich nämlich die Stifter ihr spirituelles Heil. Aus diesem Grunde erfolgte die Aufnahme der Kinder in die Armenschule zumeist rund vier Jahre vor dem erstmaligen Genuss des Heiligen Abendmahles; dieses sollte die Schulbildung abschließen, in deren Mittelpunkt der Unterricht im „Christentum" stand. „Erst in zweiter Linie kamen Lesen und Schreiben. Sehr bescheidene Anforderungen stellte man im Rechnen, ja es kam vor, daß den Kindern freigestellt wurde, ob sie es überhaupt lernen

wollten." Hinsichtlich der Methode beschränkte sich der Unterricht auf das Memorieren von Sätzen durch die Kinder; inhaltlich gaben diese Sätze vornehmlich Interpretationen von Glaubensartikeln.

(21) Winkler über die Nürnberger Armenschulen

Für die notwendigen Reformen, nicht nur der Armenschulen, sondern der Volksschulen insgesamt, gab das Niethammersche „Normativ" zwar allgemeine Richtlinien, doch fehlten die konkreten administrativen Bestimmungen; diese erließ dann das „allerhöchste Reskript, die Organisation der Volksschulen in der Stadt Nürnberg betreffend" von 1813. Angesichts der bestehenden Not musste nun für jeden Schulsprengel eine Armenschule geschaffen werden. „Anerkannt war somit, daß fast die Hälfte der schulpflichtigen Kinder Nürnbergs auf den Besuch einer ‚Freischule' angewiesen war, weil sich die Eltern außerstande sahen, das in den übrigen Volksschulen erforderliche Schulgeld zu entrichten. Zugleich aber zeigen diese ersten Bemerkungen des Reskripts exemplarisch eine Veränderung in den grundlegenden Argumenten für die Organisation der Volksschulen auf: Es befreite die Armenschulen von ihrem besonderen caritativen Status und nahm sie als allgemeine Einrichtungen in das Ganze des staatlichen Schulwesens auf. Damit gelang es, innerhalb des einheitlichen Organisationszusammenhanges der Schulen die Differenz zu integrieren, die aus der sozialen Spaltung der Gesellschaft erwuchs, ohne dabei zu einer egalitär ausgerichteten Konstruktion greifen zu müssen, wie sie beispielsweise in den Nationalerziehungsplänen der Aufklärer vorgeschlagen wurde."[105]

Die Verwirklichung der Pläne schritt freilich nur langsam voran, was Hegel der Langsamkeit der Nürnberger im Allgemeinen und im Besonderen den Zivilbehörden, der Geistlichkeit, aber auch den eigenen Mitarbeitern anlastete. Als er Nürnberg 1816 verließ, war das Reformwerk immer noch nicht verwirk-

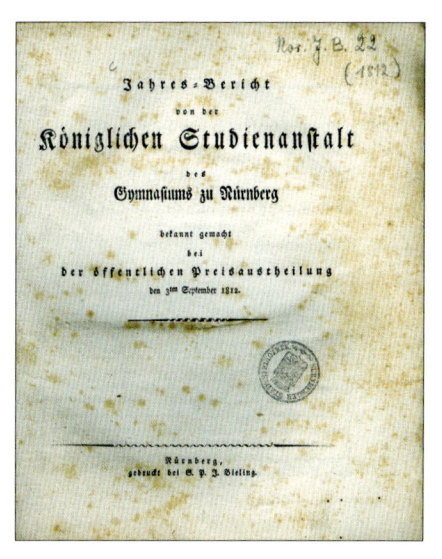

Dokument aus der Stadtbibliothek im Peller-Haus; Arch. Nr. 75-nor-jb-22-1811

licht. Man kann annehmen, dass die Erfahrungen bei dem enervierenden Geschäft, das Nürnberger Volksschul- und Armenschulwesen zu verbessern, dann in dem Paragraphen 243 von Hegels „Grundlinien der Philosophie des Rechts" (1821) auf hoher begrifflicher Abstraktionsebene eingegangen sind. Er nahm Karl Marx vorweg, indem er konstatierte, dass der (kapitalistischen) Gesellschaft die Produktion großen Reichtums nur bei steter Vermehrung der Armut gelinge. „Wenn die bürgerliche Gesellschaft sich in ungehinderter Wirksamkeit befindet, so ist sie innerhalb ih-

79

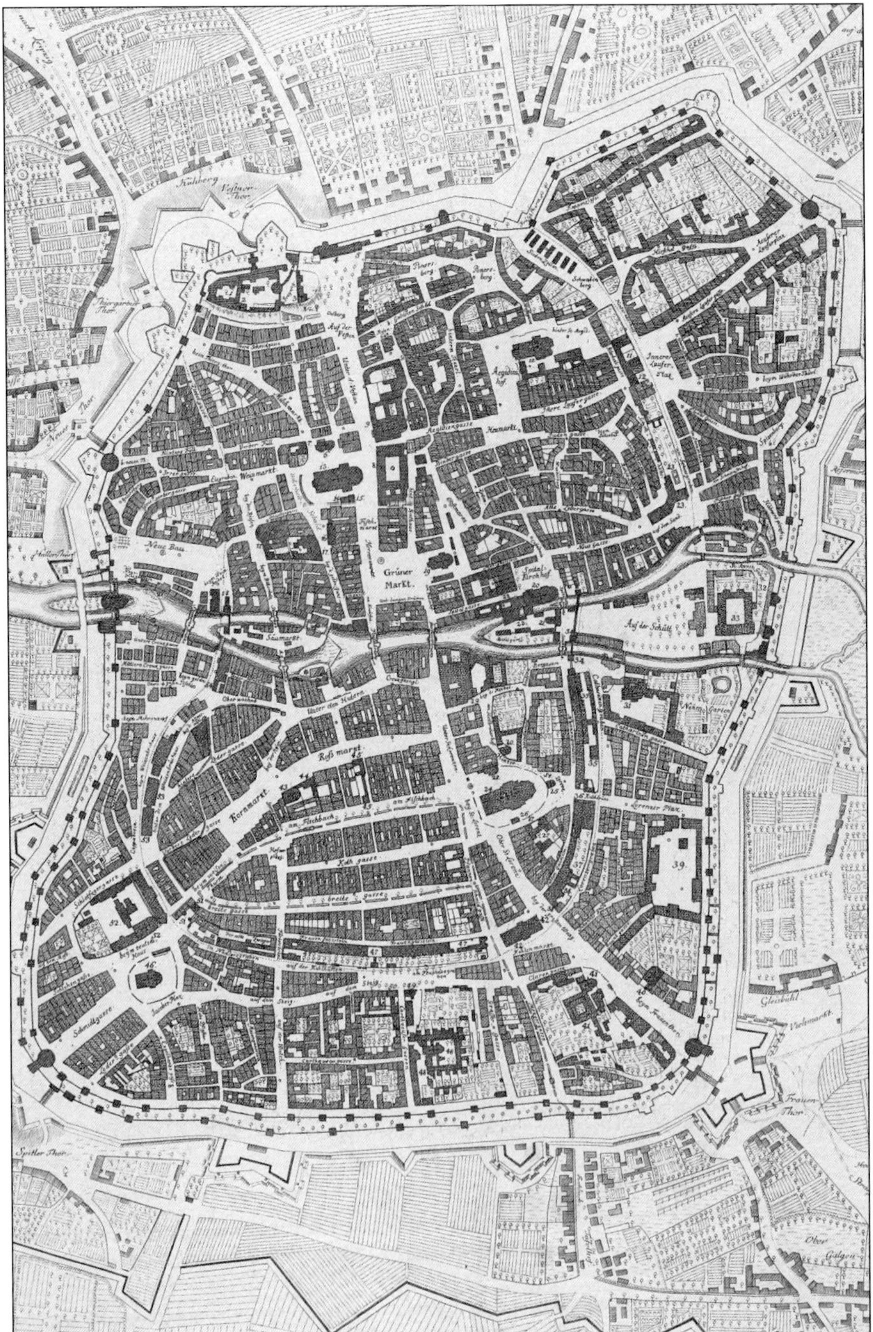
Grüner Markt
Ross markt
Kornmarkt
Wagmarkt
Neumarkt
Auf der Schütt
Spitler Thor
Frauen-Thor
Vestner-Thor
Neuer Bau
Kath gasse
breite gasse

Nürnberg heute; Foto J. Schrenk

rer selbst in fortschreitender Bevölkerung und Industrie begriffen. – Durch die Verallgemeinerung des Zusammenhangs der Menschen durch ihre Bedürfnisse, und der Weisen, die Mittel für diese zu bereiten und herbeizubringen, vermehrt sich die Anhäufung der Reichtümer, denn aus dieser gedoppelten Allgemeinheit wird der größte Gewinn gezogen, – auf der einen Seite, wie auf der andern Seite die Vereinzelung und Beschränktheit der besondern Arbeit und damit die Abhängigkeit und Not der an diese Arbeit gebundenen Klasse, womit die Unfähigkeit der Empfindung und des Genusses des weitern Freiheiten und besonders der geistigen Vorteile der bürgerlichen Gesellschaft zusammenhängt."[106]

S. 80: Katasterplan Nürnberg (1811); Stadtbibliothek Nürnberg, Arch.Nr. 75-Kt-112-04,002

II.7 Die Stadt

Hegel war in eine Stadt übergesiedelt, die sich in tiefgreifender Umwandlung befand. Die Freie Reichsstadt Nürnberg hatte 1806, also zwei Jahre vor seiner Ankunft, ihre Eingliederung in den bayerischen Staat erfahren. Bewirkt hatte dies Napoleon, den er in Jena als Verkörperung des Weltgeistes empfunden hatte. Bayern, zum Königreich erhoben, gehörte zu den neuen Mittelstaaten, die ins Lager der französischen Siegermacht eingeschwenkt waren. Die 1806 sich zum „Rheinbund" zusammenschließenden sechzehn süd- und westdeutsche Fürsten sahen im französischen Kaiser ihren Protektor und erklärten ihren Austritt aus dem Reich; der Habsburger Kaiser Franz II. legte die deutsche Kaiserkrone ab und nannte sich fortan Kaiser von Österreich.

J.P. Nußbiegel: Parade französischer Truppen am Maxplatz (1801); Abdruck mit freundlicher Genehmigung des Germanischen Nationalmuseums Nürnberg (GNM)

Eine tausendjährige Geschichte fand damit ihren Abschluss.

Als Entschädigung der deutschen Fürsten für die links des Rheins an Frankreich gegebenen Gebiete hatte Napoleon einen Plan vorgelegt, der vom Reichstag als „Reichsdeputationshauptschluss" 1803 angenommen worden war: Durch die Beseitigung fast sämtlicher geistlicher Fürstentümer (Säkularisierung) und der Reichsunmittelbarkeit aller Reichsstädte bis auf sechs (Mediatisierung) wurden so umfangreiche Gebiete frei, dass die mit Frankreich gegen Österreich verbündeten Staaten weit mehr als das Verlorene erhielten. Nürnberg hatte zunächst noch seine Reichsunmittelbarkeit bewahren können und durch enge Anlehnung an Frankreich die Annexion durch Bayern zu verhindern versucht; im Juli 1806 wurde jedoch die von französischen Truppen besetzte Stadt dem Hause Wittelsbach zugeschlagen und am 15. September 10 Uhr von dem französischen Bevollmächtigten unter Glockengeläut und Kanonenfeuer dem bayerischen Generalkommissar Friedrich Graf von Thürheim feierlich übergeben. Jahrhunderte lang war die Stadtpolitik von etwa zwei Dutzend patrizischen Familien bestimmt gewesen; nun regierte, da die vollziehende Gewalt an die neu errichtete Polizeidirektion übergegangen war, deren Chef Christian Wurm.

Die von Montgelas, der von Kurfürst Maximilian I. Joseph (ab Dezember 1805 König) 1799 als leitenden Minister berufen worden war, eingeleiteten Verwaltungsreformen betrafen nun auch Nürnberg und das umliegende Gebiet. Der patrizische Rat hatte praktisch keine Bedeutung mehr. Thürheim, ab 1808 Generalkreiskommissar – in diesem Jahr war ganz Bayern in Kreise eingeteilt und Nürnberg Hauptstadt des Pegnitzkreises geworden –, sprach von den „ganz nutzlosen, aber auch ebenso unschädlichen Zusammenkünften" dieses Gremiums.[107] (Erst die im Gefolge der Verfassung erlassene Gemeindeordnung von 1818 gewährte den Bürgern wieder eine eingeschränkte Selbstverwaltung.)

Die ersten Verwaltungsmaßnahmen in Nürnberg waren häufig Provisorien, die einem raschen Wandel unterworfen waren. Denn damals befand sich die Neuordnung des bayerischen Staates noch in Fluss. „Auch brachten die andauernden Feldzüge mit ihren Truppendurchzügen und Einquartierungen für die gesamte Bevölkerung der Stadt außerordentliche Belastungen mit sich und erschwerten den Behörden die Durchführung einer notwendigen Verwaltungsneuordnung. Die Rekrutierung von Soldaten für die Armee des neuen Landesherrn, eine bisher unbekannte Maßnahme, die erstmals im Oktober 1807 erfolgte, wurde von der Einwohnerschaft besonders drückend empfunden. Wohl ebenso belastend musste es auf die Bürger wirken, dass die völlige Neuordnung des Steuerwesens in Bayern nun auch in Nürnberg durchgeführt wurde. Die Stadt wurde dazu in 16 Steuersektionen eingeteilt. Sämtliche Grund- und Hausbesitzer hatten Fassionen über ihren Besitz abzugeben, die als Grundlagen für eine einheitliche Steuerfestsetzung und für die Anlage von Steuerkatastern dienten."[108]

Mangel an vaterländischer Geographie

Die Soldaten, die von Nürnberg sind, schrieben an ihre hiesigen Verwandten „daß mit Oesterreich alles beigelegt sei, daß sie längst durch Bayern hindurchmarschiert, wie auch Oesterreich schon zurückgelegt hätten und sich jetzt bereits in der Türkei befinden, denn gegen den Türken gehe es". – Wie sich nachher auswies, sind diese Leute nicht einmal bis an die Grenze von Bayern gekommen, sie haben somit Bayern selbst für die Türkei und die Altbayern für Moslemin angesehen! – Es bewährt sich auch hieraus die Notwendigkeit, daß vaterländische Geographie in Volksschulen getrieben werde, um ähnliche Missgriffe in Zukunft zu verhüten.

(22) Hegel an Niethammer über den Krieg in Bayern 1809

Der Übergang Nürnbergs an das Königreich Bayern fand in der Bevölkerung eine unterschiedliche Resonanz. Die Frau des Kaufmanns und Marktvorstehers Paul Wolfgang Merkel soll, als die Glocken aus Anlass der Übergabefeierlichkeiten läuteten, ihren Kinder weinend um den Hals gefallen sein und ausgerufen haben: „Ihr armen Kinder, nun seid ihr Fürstenknechte."[109] Das Nürnberger Patriziat dagegen veranstaltete für den königlichen Generalkommissar ein Festmahl, bei dem ein Tafelaufsatz in Form einer Ehrensäule die Aufschrift trug: „Hohe Verehrung, festes Vertrauen, Weihe des Herzens – Nürnbergs Adel."[110]

Für die positive Reaktion der Oberschicht mag auch eine Rolle gespielt haben, dass der Königstaat Bayern die Schuldenlast der Stadt Nürnberg übernahm; das waren, wie die Staatsschuldentilgungskommission im Januar 1810 feststellte, 9.923.580 Gulden an Kapital und 2.292.520 Gulden an rückständigen Zinsen. Zunächst hatte Bayern die Zinszahlungen bei Schuldobligationen eingestellt, was bei den Gläubigern schwere Verluste, ja große Not bewirkte. 1811/12 wurden die Zinszahlungen wieder, allerdings nur mit 2 Prozent, aufgenommen. Eine volle Anerkennung der Staatsschuld und eine Zinszahlung von erneut 4 Prozent erfolgte erst 1819 durch ein

J. Trautner: eine gesittete Gesellschaft (1790); Abdruck mit freundlicher Genehmigung des Germanischen Nationalmuseums Nürnberg (GNM)

Gesetz des ersten bayerischen Landtages. Diese Verschleppung der Schuldenregelung erweckte in der Nürnberger Bevölkerung viel Unmut. Dazu kam, dass die bayerische Behörde im großen Umfang Immobilien der Stadt verkaufte. So wurden unter anderem das aus der Vischer-Werkstatt stammende Bronzegitter im großen Rathaussaal zum Metallwert und der reiche Silberschatz der Stadt mit dem berühmten Tafelaufsatz von Wenzel Jamnitzer verschleudert.

So wie bei den Kirchen und Stiftungen erfolgten auch im Bildungswesen entscheidende Veränderungen. Die Universität Altdorf wurde 1809 aufgelöst; Erlangen erhielt die Bestände der Universitätsbibliothek und das Universitätsarchiv. Im Schulwesen wurde die seit 1800 in Bayern bestehende Schulpflicht in Nürnberg mit Schulsprengeleinteilung und einer neuen Schulordnung eingeführt. Man bildete 29 Zahl- und 7 Freischulen mit 2051 Schülern. Die Schulaufsicht wurde den Pfarrern als sogenannten Lokalschulinspektoren übertragen; ab 1812 wirkte, wie erwähnt, in der dann eingesetzten Lokalschulkommission Hegel als Lokalschulrat und nahm damit einen entscheidenden Einfluss auf das gesamte Schulwesen der Stadt. 1809 war neben dem von Hegel geleiteten Gymnasium eine Realstudienanstalt eingerichtet worden, die keinen langen Bestand hatte; an ihre Stelle trat 1816 eine Höhere Bürgerschule.

Auch wenn die Mehrheit der Bevölkerung die Übernahme der Stadt durch Bayern wohl ohne besondere Emotionen hingenommen hatte, so kam es doch auch immer wieder zu Zeichen des Unmuts. In dem im Frühjahr 1809 zwischen Österreich und Frankreich erneut ausgebrochenen Krieg gelangte ein österreichisches Freikorps nach Franken. Die Franzosen, die Nürnberg besetzt hielten, mussten sich zurückziehen, so dass die österreichischen Soldaten vorübergehend in die Stadt eindringen konnten: eine Volksmenge hatte ihnen das Laufer Tor geöffnet. Es kam zu Ausschreitungen gegen die Polizeidirektion; die bayerischen Wappen wurden abgerissen und die dort befindlichen Waffen weggetragen. Polizeidirektor Wurm konnte sich in Sicherheit bringen, Graf Thürheim, der in einer Volksversammlung die Österreicher als „zusammengelaufenes Gesindel aus Schustern, Schneidern und Leinenwebern" bezeichnet und damit die Nürnberger Handwerker in ihrer Berufsehre verletzt hatte, wurde misshandelt. Als die Österreicher wieder abzogen, nahmen sie als Geiseln u. a. Thürheim, Wurm und Merkel mit, ließen sie aber kurz darauf wieder frei. Thürheim musste die Stadt verlassen; ab 1809 residierte er als Generalkommissar des Rezatkreises in Ansbach. Nürnberg verlor seine Eigenschaft als Sitz einer Kreisregierung. Die Ereignisse des Nürnberger „Aufstandes" hat Hegel ausführlich in einem Brief an seinen Freund Niethammer am 29. Juni 1809 beschrieben: „Montags ist das österreichische Streifkorps hieher gekommen; das Bürgermilitär hat, um nur Ordnung zu halten, keinen Zug getan; sein Kommandant ist vom Pöbel an dem Tore infam mißhandelt, geprügelt, entwaffnet worden; dieser Pöbel öffnete die Tore und holte unter den entsetzlichsten Jubelrufen die Oesterreicher herein; stürmte die Polizei und zerstörte Fenster, Akten, (königliche Wappen, die überall vom Volke abgerissen worden sind), alles; der Graf von Thürheim, von seiner Wohnung zu Fuß durch die Straßen von Ulanen geführt, wurde vom Pöbel bei der Brust gepackt, (sagend: ‚Du verfluchter Hund, du sollst nicht lebendig aus unsern Händen kommen!' u. s. f.) beworfen, mit allen Schimpfwörtern belegt; vorgestern Nacht ist er, Polizeidirektor Wurm und Oberpostmeister von Axthelm von den Oesterreichern fortgeführt worden, die selbst gestern früh um 2 Uhr zurückmarschierten und 50.000 fl. an Kontribution nebst Obligationen auf andere 50.000 fl. außer Requisitionen an Tuch etc., die etliche 20.000 fl. betragen, fortschleppten. Gestern um 12 Uhr sind nun 600 französische Dragoner hier angekommen, die abends um halb 6 Uhr wieder aufbrachen, um die Oesterreicher – in allem mit der Landwehr 700 Mann, darunter 200 Pferde stark – aufzusuchen; ein anderes französisches Dragonerregiment soll zugleich einen andern Weg eingeschlagen haben. Wir erwarten heute die Resultate. – Die Bürger sagten von dieser Erscheinung sogleich, daß dies Franzosen seien, die auf der Retirade begriffen wären. Kurz, niederträchtiger kann sich die Gesinnung und das Betragen der Bürger nicht vorgestellt werden. – Das erste, nachdem in der Nacht das Bürgermilitär sich nach dem Abzuge der Oesterreicher wieder sammelte und jetzt auf seine Uniform, aber nicht auf seine Taten stolzierte, war, daß sie unsere Sebalder Schule okkupierten, so daß seit gestern keine Schule darin gehalten [wird]; diese gilt überhaupt für die privilegierte Wachstube, und alle Augenblicke tritt eine solche Verletzung ein, gegen welche Paulus noch keine kräftige[n] Maßregeln zu erhalten gewußt hat."[111]

Als Nürnberg bayrisch wurde, betrug die Einwohnerzahl laut amtlichem Bericht 25.176 „Seelen"; das war ein Rückfall auf die Dürer-Zeit. Der Zustand der Stadt war nicht sehr erfreulich; die hohe Schuldenlast waren in politischer Ohnmacht begründet, wie sie seit dem Dreißigjährigen Krieg und den nachfolgenden Militäraktionen (1761 Durchzug des französischen Heeres, preußischer Über-

Johann Adam Klein: Bayerische Postkutsche vor Nürnberg

fall 1762/63) bestand. Die Rücklagen der alten großen Firmen waren dadurch aufgezehrt; das Patriziat, dem Handel entfremdet, erstarrte in äußeren Formen des Gesellschaftslebens und war den Anforderungen des sich durchsetzenden Merkantilismus mit seinen Schutzzöllen nicht mehr gewachsen. Die vom Rat als einziges Heilmittel angesehenen Steuererhöhungen führten zu Protesten der Bürger und Abwanderungen und lähmten die Wirtschaft erst recht. Ende des 18. Jahrhunderts stand die Stadt vor dem Staatsbankrott. Man hoffte auf einen Anschluss an Preußen; aber dieser kam nicht zustande; die Bayern setzten sich Napoleon gegenüber durch; die ehemals so „glanzvolle freie Reichsstadt" wurde eine Provinzstadt ohne Anteil an der Regierung, ohne den „Auftrieb einer Hauptstadt auf kulturellem Gebiet". [112]

Besucher Nürnbergs in dieser Zeit berichten vom Niedergang der Stadt.[113] Es waren viele, denn die Stadt bildete den Mittelpunkt eines Netzes von etwa hundert Postlinien – ein Erbe, das die Stadt ihrem ausgedehnten mittelalterlichen Fernhandel verdankte. Für alle Reisenden, die vom Norden oder aus dem östlichen Mitteldeutschland, Thüringen, Sachsen und Preußen kamen und in die Schweiz oder Italien wollten, führte der Weg über Nürnberg. Meist blieb man über Nacht und oft ein paar Tage, die dazu benutzt wurden, die Stadt kennen zu lernen. (Es gab durchaus gute Gasthäuser; wie das „Rote Roß", der „Bayerische Hof", der „Schwarze Adler", der „Goldene Schwan" und der „Strauß".)

Nürnberg glich einer traurigen Stadt, die immer mehr zerfiel. „Einige Hundert Häuser stehen ganz leer und die übrigen sind fast durchaus nur von einzelnen Familien bewohnt." (Der Beobachter hebt allerdings hervor, dass die Einwohner noch immer ein sehr fleißiges Volk

Gasthof „Rotes Roß" in Nürnberg (um 1800)

seien.) Man erlebe stille, öde und menschenleere lange, mit Gras und Moos überwachsene Gassen. „In den hohen, raumvollen Gebäuden regt sich nichts. Die Fensterladen verriegelt, die Hausthüren verschlossen, gleicht das Ganze einem weitläuftigen Kerker, in welchem die Gefangenen aus Furcht vor Züchtigung nicht ans Fenster treten dürfen ... Ein paar zum Markte trippelnde Mädchen waren die einzigsten Menschenwesen, welche ich antraf." Goethe spricht 1790 von dem „bösen Eindruck", den die Stadt bei ihm hinterlassen habe; sie habe ihn weggejagt. Ein anderes Zeugnis, von 1798, geht auf die Gründe der negativen Entwicklung ein: „Es fehlt Nürnberg an Menschen; nicht an Industrie oder Absatz. Dieser Menschen-Mangel kommt von den ungeheuern Lasten her, welche der Bürger dieser Stadt zu tragen hat. Diese haben eine Menge fleißiger Familien, ihre Vaterstadt zu meiden gezwungen; die sich in Fürth, Schwabach und den umliegenden Dörfern ansiedelten, wo sie im Verhältniß der Nürnberger Abgaben fast nichts entrichten. Man kann uneingeschränkt behaupten, daß kein Mensch in Europa so viel von dem Seinigen dem Staat zahlt, als der Bewohner Nürnbergs. Jeder Bürger bringt jährlich fünf Sechstheile von seinen Einkünften der Stadt-Kasse zu, oder bestimmter, wer 4166 Gulden im Jahre einnimmt, trägt davon 3446 Gulden dem Staate ab ... Trotz diesen unerhörten Abgaben hat die Stadt dennoch fünfzig Millionen Gulden Schulden ... Unbegreiflich ist es, wie einige zwanzig Patricier-Familien so vieles haben durchbringen können, da die Stadt ohne die grossen Abgaben der Bürger ein schönes Land-Gebiet hat, das wenigstens 8000 Bauernhöfe enthält." (Jonas Ludwig von Hess, 1798)

Die Selbstständigkeit der politischen Reichsstadt hätte wegen ihres wirtschaft-

„Prospect zu Nürnberg auf dem Platz hinter St. Egidien-Kirche" (um 1725); Stadtarchiv Nürnberg, Arch.-Nr. E 13-II-G.0289

lichen Niedergangs wahrscheinlich auch ohne Napoleon ein Ende gefunden. Dieser trat auch im Bauwesen eklatant zutage. „Während ringsum im Frankenland Bischöfe, Äbte, Fürsten und Adel Kirchen, Schlösser, Paläste und Parkanlagen von größten Ausmaßen und reichster Ausstattung im modernsten Geschmack errichteten, wurde in Nürnberg kein neues repräsentatives Gebäude aufgeführt – das letzte war am Anfang des 18. Jahrhunderts die Egidienkirche. Auch das Bürgertum begnügte sich mit den alten Häusern, ebenso das Patriziat, soweit es nicht vorzog, auf seinen Landsitzen in der Umgebung zu leben."[114]

Während dementsprechend in den Berichten die Rede davon ist, dass nichts Großes, nichts Erhabenes, nichts Emporstrebendes in Nürnberg zu finden sei, sondern alles beengt, kleinlich, nieder-

Tafel an der Rückseite des ehem. Melanchthon-Gymnasiums; Foto J. Schrenk

Ehem. Egidien-Gymnasium, Rückansicht; Foto J. Schrenk

gedrückt erscheine, entdeckten zwei Romantiker, Ludwig Tieck und Wilhelm Wackenroder, die (oft ruinöse) Schönheit des alten Stadtbildes und waren von ihr fasziniert. Des „Reiches Schatzkästlein" wurde von den beiden Dichtern auf eine Weise geehrt, „die es weit über alle anderen deutschen Städte erhob, eine Stellung, welche die Tage der Romantik überdauerte – bis heute blieb Nürnberg Denkmal und Inbegriff deutschen Städtegeistes."[115]

Ort der vaterländischen Kunst

Nürnberg! du vormals weit berühmte Stadt, wie gerne durchwanderte ich deine krummen Gassen, mit welcher kindlichen Liebe betrachtete ich deine altväterlichen Häuser und Kirchen, denen die feste Spur von unserer alten vaterländischen Kunst eingedrückt ist. Wie innig lieb ich die Bildungen jener Zeit, die eine so derbe, kräftige und wahre Sprache führen! Wie ziehen sie mich zurück in jenes graue Jahrhundert, da du Nürnberg die lebendig wimmelnde Schule der vaterländischen Kunst warst und ein recht überfließender Kunstgeist in deinen Mauern lebte und webte. Wie oft hab ich mich in jene Zeit zurückgewünscht! Wie oft ist sie in meinen Gedanken wieder von neuem vor mir hervorgegangen, wenn ich in deinen ehrwürdigen Büchersälen, Nürnberg, in einem engen Winkel beim Dämmerlicht der kleinen rundscheibigen Fenster saß und über den Folianten des wackeren Hans Sachs oder über anderem alten, gelben, wurmgefressenen Papier brütete, oder

> wenn ich unter den kühnen Gewölben deiner düstern Kirchen wandelte, wo der Tag durch buntbemalte Fenster all das Bildwerk und die Malereien der alten Zeit wunderbar beleuchtet!
>
> (23) Ludwig Tieck/ Wilhelm Wackenroder: Nürnberger „Ehrengedächtnis"

Dem nüchternen Hegel lag Romantik fern; aber trotz der misslichen Schulverhältnisse als Folge der schlechten wirtschaftlichen Situation der Stadt ließ ihn der Glücksfall seiner Berufung als Schuldirektor relativ positive Worte fürs „hiesige, alte, altfränkisches, antikes, gotisches, ja, was mehr ist, norisches Wesen" finden: „Gutmütig scheinen die Leute und auch wohlgesinnt und dankbar gegen bessere, besondere Schuleinrichtungen, und wenn die alles Aufkeimen von Zutrauen hindernde Salopperie nicht wäre, so würden unsere Anstalten bereits sich Freude und Dank beim Publikum gewinnen, was, denn die Hoffnung will ich nicht aufgeben, einst, so Gott will, noch geschehen soll, so wie ich auch, daß ich Ihnen dann von bessern Gegenständen, als Abtritte sind, mehr werde schreiben können."[116] Allerdings wurde selbst er, nicht durch die Gestalt der Stadt, sondern eines weiblichen Wesens, in große Schwärmerei versetzt.

II.8 Errötend folgt er ihren Spuren

Das Zitat aus Schillers „Lied von der Glocke" – „und ist von ihrem Gruß beglückt" – kann das für Hegel sehr wichtige, hinsichtlich seiner privaten Existenz wohl wichtigste Ereignis charakterisie-

Fassade des Schulhauses am Egidienplatz; Foto J. Schrenk

ren: In Nürnberg verliebte und verheiratete er sich. Das „Gebild aus Himmelshöhen" hieß Marie von Tucher. Hegels früher Biograph Karl Rosenkranz beschreibt ihre Gestalt und ihr Wesen mit vollem idealistischen Pathos. Der „Mann der Kritik, der Held des Begriffs" habe in ihr eine Frau gefunden, „deren Innerstes so weich, so ätherisch, so voll der rastlosesten Beweglichkeit, so voller Schwung der Poesie" gewesen sei. Die Zwanzigjährige, aus einer der ältesten, bekanntesten und edelsten Nürnberger Patrizierfamilien stammend, habe mit ihrer „Schönheit, seltenen Bildung und Liebenswürdigkeit" den Nürnberger Rektor, den „einfachen bürgerlichen Menschen", damals vierzig Jahre alt und „beinahe schon dem Cölibat verfallen", an sich gefesselt. Hegel habe seine Braut „mit einer Kraft und Reinheit, mit einer Innigkeit und Zartheit geliebt, wie nur das tiefste Gemüt" fähig sei. „Seine Gattin war der lebendige Widerschein der in ihm selbst verborgenen Lieblichkeit und geistreichen Anmut." Mit ihr sei er in eine „neue Sphäre" hinübergegangen: „Eine solche Gluth und Hoheit der Empfindung erregte diese Liebe in ihm, daß er noch einmal ganz zum Jüngling wurde."[117]

Rosenkranz konnte sich bei seiner Rhapsodie durch Hegel selbst inspiriert fühlen, stürmte doch dieser, dessen Seele durch die Liebe zu Marie in lyrische Schwingungen versetzt war, mehrfach „jubelnd in die Saiten":

„Du mein! Solch' Herz darf mein
 ich nennen!
In Deinem Blick
Der Liebe Wiederblick erkennen,
O Wonne, o höchstes Glück!

Wie ich Dich lieb', ich darf's
 jetzt sagen,
Was in gepreßter Brust
So lang geheim entgegen Dir geschlagen,
Es werd' – ich darf nun – laute Lust!

Doch armes Wort, der Lieb' Entzücken,
Wie's Innen treibt und drängt
Zum Herzen hinüber – auszudrücken –
Ist deine Kraft beschränkt.

Ich könnte, Nachtigall, dich neiden
Um deiner Kehle Macht,
Doch hat Natur die Sprache
 nur der Leiden,
Mißgünstig, so beredt gemacht.

Doch wenn durch Rede sie dem Munde
Der Liebe Seligkeit
Nicht auszudrücken gab, zum Bunde
Der Liebenden verleiht

Sie ihm ein innigeres Zeichen:
Der Kuß die tief're Sprache ist,
Darin die Seelen sich erreichen,
Mein Herz in Dein's hinüberfließt."[118]

Hegel hatte überhaupt eine gut ausgebildete poetische Ader. Zum Einen war sie sozusagen sinnlich-religiös durchblutet; dafür hatte die Putzmacherin Nanette Endel, die Stuttgarter Jugendfreundin, gesorgt – ein Liebesverhältnis, das nach einiger Zeit in die geruhsamen Bahnen der Freundschaft hinüberglitt (so David Friedrich Strauß 1841 in Kenntnis von Briefen Hegels an Nanette). Als überzeugte Katholikin hatte sie dem nüchternen Protestanten den mystischen Charakter ihrer Religion vermittelt. Die Beziehung zu Nanette versetzte Hegel in eine Welt, in der es ganz ohne Reflexion zuging – „Vorübung zum Eintritt ins Mittelalter", bei der Leben und Denken zusammenfielen.[119]

Die Stuttgarter Freundin

Unerschöpfliche Quelle der Gespräche zwischen Hegel und Nanette Endel scheint schon in Stuttgart deren Konfessionszugehörigkeit gewesen zu sein. Sie ist Katholikin und hatte es in den kurzen Wochen ihres täglichen Zusammenseins darauf angelegt, ihn in den Charakter ihrer Religion einzuführen. Den brieflichen Äußerungen Hegels zufolge ... nimmt er dies zum Anlaß für eine wahre Begeisterung, den Umstand nach allen Seiten hin auszukosten. Hegel ist Lutheraner, der Katholizismus bedeutet in Württemberg Religion einer Minderheit, die er in der zehn Kilometer von Tübingen entfernten Rottenburger Diaspora an den Quellen studieren konnte. Er bedeutet für ihn eine authentische Form mit geradezu exotischen Reizen. Wir erfahren das jetzt, weil es in den Briefen Hegels zur Sprache kommt. Beim Katholizismus handelt es sich für ihn um eine Religion mit

Dingen, die der Protestantismus nicht oder nur noch in verwässerter Weise kennt, um „Heilige", „Beichte", „Rosenkränze", „Kapuziner". Hatte Nanette Endel ihn in Stuttgart kräftig in die Schule genommen, so gibt er sich jetzt als gelehriger Schüler zu erkennen, der sein Pensum beherrscht. „Sobald ich erfahre, daß ein Hochamt ist", schreibt er ... an die Freundin, „gehe ich, meinen Gottesdienst zu verrichten und meine Seele in Andacht zu irgend einem schönen Marienbild zu erheben." ...

Ein solcher Tonfall muß der Briefempfängerin außerordentlich gefallen haben, die, wir können das nur vermuten, alles daransetzt, Hegel kräftig dazu zu ermuntern. Sie durfte sich verstanden fühlen und hat den Part wacker durchgespielt: die fromme katholische Christin, die die Symbolik ihrer Religion versteht und den wißbegierigen Adepten daran teilhaben läßt. Andererseits hat Hegel das Angebot von Nanette, ihm eine mild liebenswürdige Seelenführerin zu sein, gern angenommen. Er läßt es sich gefallen, persifliert ein wenig seine Schülerrolle und zeigt sich doch auch wieder ernsthaft bei der Sache. Die katholische Religion ist für ihn, den protestantischen Württemberger, Religion von einem anderen Stern. Aber darin liegt der Vorzug, den er durch und durch ausbeuten will. Wieder wie gegenüber Schelling gibt er sich als der Empfangende und ist es auch, aber gleichzeitig hält er dagegen, baut er witzige Vorbehalte ein, übertreibt ein bißchen, macht hier und da eine kleine Glosse, die nicht recht ins Bild des echten Gläubigen paßt. In seine Vorstellung von der „Posi-

tivität der Religion" hatte er bereits – als lediglich unveröffentlichte Äußerung zwar – seine wahren Ansichten verraten. Aber das ist bloß „erste Hand". Alles ist noch in der Schwebe. Feste Sicherheiten gibt es nirgendwo.

(24) Althaus zeigt Hegels Interesse am Katholizismus

Zum Anderen aber war für Hegels poetische Sensibilität vor allem die innige Freundschaft mit Hölderlin maßgebend. Sie fand ergreifenden Ausdruck etwa in dem im August 1796 verfassten Gedicht „Eleusis", in dem Hegel sich Hölderlins Sprache zu nähern suchte.

„Um mich, in mir wohnt Ruhe.
Der geschäft'gen Menschen
Nie müde Sorge schläft.
Sie geben Freiheit
Und Muße mir.
Dank dir, du meine
Befreierin, o Nacht!–
Mit weißem Nebelflor
Umzieht der Mond die ungewissen
    Grenzen
Der fernen Hügel.
Freundlich blinkt der helle Streif
Des See's herüber.
Des Tags langweil'gen Lärmen fernt
    Erinnerung,
Als lägen Jahre zwischen ihm und
    jetzt.
Dein Bild, Geliebter, tritt vor mich,
Und der entfloh'nen Tage Lust.
Doch bald weicht sie
Des Wiedersehens süßern Hoffnun-
    gen."[120]

Standbild Hegels am Rathaus in Stuttgart.
Abdruck mit frdl. Genehmigung des Stadtarchivs in Stuttgart

HEGEL

Marie Hegel, geb. von Tucher, in späteren Jahren; Stadtbibliothek Nürnberg

Schillers Dichtung wiederum hat Hegel zwar rezipiert; doch bestand keine engere Beziehung zwischen beiden. Anders als bei Goethe, der auf Hegel eine magnetische Anziehungskraft ausübte, kam es nur zu meist kürzeren wortkargen Begegnungen. In der ästhetischen Auffassung jedoch, so wenn er der Kunst höheren Rang als der Natur einräumte, rückte Hegel an Schiller nahe heran.

II.9 Verlobung und Heirat

Hegels zitiertes leidenschaftliches Liebesgedicht „Du mein!", das deutlich machte, dass die „Seelen sich erreicht", sein Herz in das der Geliebten „hinübergeflossen" war, entstand am 17. April 1811, dem Tag, da er von ihr die Zusage zur Eheschließung erhalten hatte; kurz zuvor, am 13. April, hatte er sie in dreizehn Strophen mit gleicher Inbrunst umworben:
„„...Tritt der Geist auf freie
    Bergeshöhen,
Er behält vom Eig'nen nichts zurück;
Leb' ich, mich in Dir, Du, Dich in mir
    zu sehen,
So genießen wir des Himmels
    Glück!"[121]

Für das mehr nüchterne Geschäft der Heiratsabmachung hatte er die Unterstützung eines guten oder einer guten Bekannten gefunden: Im Tucherschen Familienarchiv findet sich die Notiz, dass Anfang April 1811 der „Rect. Hegel durch Fr. v. Grundh(err)" dem Vater seine Wünsche, die Tochter zu ehelichen eröffnet und „um Gelegenheit, letztere zu sprechen" gebeten habe. „Es wurde ihm von mir dahin erwidert, daß die Bestimmung meiner Einwilligung von der Entschließung meiner Tochter abhängt. Er bat darauf blos um die Erlaubnis meine Tochter freundschaftlich besuchen zu dürfen."[122]

Ob eine solche Sondierung eine längere Vorgeschichte hatte, und Paul Wolfgang Merkel, sowohl mit Hegel als auch mit den Tuchers (mit diesen besonders eng) befreundet, in dieser Angelegenheit eingeschaltet gewesen war, muss offen bleiben. Jedenfalls berichtet Hegel in einem Brief an Niethammer vom 11. Mai 1810 über eine zu seiner Hilfe gedachte subtile Mission Merkels. Ihr, der „besten Frau" (gemeint war Niethammers Gattin), habe er schon gesagt, „daß ich auf dem Punkte stehe, – entweder ewig glücklich zu werden oder aber – einen Kaoerb zu bekommen. – Warum konnte oder kann ich dieses doch nicht mit Ihnen besprechen? – Uebrigens handle ich darin nicht für mich allein, sondern die Sache steht in guten (jedoch noch sehr allgemeinen und weitwendigen) Händen des Marktvorstehers M[erkel]. – Diesem hatte ich dabei gesagt, daß ich nichts Definitiveres tun könnte oder möchte ohne Ihren Rat und Zustimmung – in Hoffnung, daß Sie bald hieher kommen."[123]

Kaoerb

Im Brief v. 11.5.1810 fallen zwei Ausdrücke auf: das Wort „Korb" wird betont mit unreinem und lang gezogenem Vokal genommen. Das klingt „nürnbergerisch".
Und Hegel hat oft fremde Mundarten nachgeahmt, bei Tante Rosenhain, beim „Rosenhainchen", einer Schwester seiner Schwiegermutter, prahlte er mit „Küss d'Hond" – und in Prag, bei einem Bruder der Schwiegermutter, sucht er ebenfalls das österreichische Idiom zu treffen. Echte Nürnberger Mundart begegnet uns bei Hegel häufig.

(25) Beyer über Hegels Interesse am Dialekt

Wie dem auch sei: Ob Marie von Tucher gemeint war, oder ob Hegel, der fest entschlossen schien, sich zu binden und eine Familie zu gründen, anderweitig „angeklopft" hatte – ein Jahr später war die „Angelegenheit" entschieden. Die Niethammers hatten als erste von der glücklichen Entscheidung und dem Namen der Angebeteten erfahren. Die Hochzeit fand dann am 15. September 1811 statt.

Die Heiratsanzeige

Wir haben die Ehre, unsern hochzuverehrenden Anverwandten und Freunden unsere am 15. dieses vollzogene eheliche Verbindung hiemit gehorsamst anzuzeigen, mit der Bitte, uns Ihre Gewogenheit und Freundschaft ferner zu erhalten.
Dr. und Professor Hegel, Rector am hiesigen Königl. Gymnasium.
Maria [meist Marie genannt] Hegel, geb. von Tucher.

(26) Verlobungs-Anzeige im „Nürnberger Friedens- und Kriegs-Kourier, 19. September 1811

Verbindungs-Anzeige.

Wir haben die Ehre, unsern hochzuverehrenden Anverwandten und Freunden unsere am 15. dieses vollzogene eheliche Verbindung hiemit gehorsamst anzuzeigen, mit der Bitte, uns Ihre Gewogenheit und Freundschaft ferner zu erhalten.
Dr. und Professor Hegel, Rector am hiesigen Königl. Gymnasium.
Maria Hegel, geb. von Tucher.

Der Dillinghof (heute Egidienplatz) in Nürnberg. Gegenüber von St. Egidien befanden sich die Wohnbauten der Familien Pirckheimer und von Tucher (um 1725); Stadtarchiv Nürnberg, Arch.-Nr. E 13-II-G 0290.II

Der Ehebund sollte bis zum Tode Hegels 1831 in ungetrübtem Glück und gegenseitiger Liebe dauern. Ihr erstgeborenes Kind, eine Tochter, starb bald nach der Geburt. Dann folgten zwei Söhne: der ältere, nach dem Großvater Karl genannt, wurde Professor der Geschichte an der Universität Erlangen und starb im Alter von 85 Jahren; (er war mit der Tochter von Hegels Schwager Sigmund von Tucher verheiratet). Der jüngere, nach dem Paten Niethammer auf den Namen Immanuel getauft, starb siebenundsiebzigjährig als Konsistorialpräsident der Provinz Brandenburg.

Marie, die Tochter des Nürnberger Senators Jobst Wilhelm Karl Freiherr Tucher von Simmelsdorf und seiner Frau, einer geborenen Freiin Haller von Hallerstein – lediglich ein Jahr älter als der Bräutigam – war die älteste von sieben Geschwistern. Mit einer größeren Mitgift konnte sie nicht rechnen; neben der Aussteuer erhielt sie eine Zuwendung von hundert Gulden jährlich. Die Tuchers wohnten am Egidienberg, dem Gymnasium schräg gegenüber; so mag Hegel Marie zunächst des Öfteren aus der Ferne gesehen haben. Der Familie war die Bewerbung des Rektors der ersten Schule der Stadt und angesehenen Bürgers nicht unwillkommen; allerdings gab es auch Bedenken. Diese bestanden wohl weniger in der Tatsache, dass Hegel einen unehelichen Sohn hatte; problematisch erschien, dass er ohne Vermögen war, und seine Gehaltszahlungen unregelmäßig erfolgten; seine Situation musste als ungesichert gelten. So erwartete man, dass sich seine Lage verbessere. „Mein Glück ist zum Teil an die Bedingung geknüpft, daß ich eine Stelle auf der Universität erhalte."[124] Wiederum sprang der Freund Niethammer in die Bresche und schrieb an Hegel einen offensichtlich zur Vorlage bei der Familie

Quittung Marie Hegels über 410 fl. (Schatzgeld und ererbtes Legat von Haller); unterzeichnet von beiden Eheleuten Hegel; Stadtarchiv Nürnberg; Arch.-Nr. E-29 II-0438

Das ehem. Tucher-Palais am Egidienplatz (heute Haus-Nr. 7); Foto J. Schrenk

fensichtlich zur Vorlage bei der Familie Tucher gedachten Brief, worin es heißt, dass die Ernennung für Erlangen so gut wie sicher sei. Im Übrigen: Warum solle sich Hegel als Professor und Rektor eines der angesehensten königlichen Gymnasien nicht für würdig genug halten, „um öffentlich und solenn als Mitglied einer Familie aufgenommen zu werden, die in dem vormaligen Glanze der Reichsstadt Nürnberg allerdings eine sehr angesehene Stellung eingenommen hat? ... In einer Zeit, in welcher die Könige selbst keine Ahnen mehr aufzuweisen gehalten sind, um das Recht des Freiens um Königstöchter zu erlangen, in einer Zeit, in welcher persönliches Verdienst und selbsterworbener Rang ohne alle Ahnen mehr adelt als alle Ahnenproben, kann über eine Verbindung wie die Ihrige die öffentliche Mei-

Tucherpalais am Egidienplatz, um 1900; Stadtbibliothek Nürnberg, Arch.-Nr. 75-nor-K 420-206a

nung nicht zu scheuen sein. Ueberdies bin ich der Meinung, daß selbst nach den vergangenen aufgelösten vormaligen Verhältnissen bemessen der Rang, den Sie als Rektor und Professor eines der angesehensten königlichen Gymnasien haben, der Sie einem königlichen Kreis-

Häuserzeile am Egidienplatz (Haus-Nr. 9-15); Foto J. Schrenk

J. C. Wilder: „Bey Wilibald Pirkheimers Wohnhaus am Egidienplatz" (1836); Stadtarchiv Nürnberg, Arch.-Nr. E-13 II-G.0447

rat an die Seite stellt, nicht unter der Linie ist, die Ihnen sogar ehemals den Eintritt in die Familie, der Sie jetzt mitangehören, eröffnet haben würde. Auch kann ich mir gar nicht denken (und meine Frau, welche die Familie Ihrer Fräulein Braut schon im vorigen Jahre näher kennen gelernt und mir damals schon in ihren Briefen von Nürnberg aus die anspruchslose Zurückgezogenheit und Häuslichkeit, die sie da gefunden hatte, ausnehmend gerühmt hat, ist darin meiner Meinung), daß Ihnen von Seite dieser Familie Grund zu einer solchen Furchtsamkeit gegeben sein sollte. Lassen Sie sich also doch ja nicht durch solche eitle Besorgnisse, um nicht zu sagen, durch eine gewisse Eitelkeit von Ihrer Seite, die den Philosophen so schlecht kleidet, abhalten, Ihre Verbindung baldmöglichst zu vollziehen."[125]

Zu Hegels angesichts der bevorstehenden Ehe pragmatisch begründeten und von Niethammer dann ebenfalls pragmatisch widerlegten Sorgen traten wesentlichere, sozusagen lebensphilosophisch fundierte innere Zweifel und Skrupel. Diese sprechen aus einem Zusatz, mit

Im Innern der Egidienkirche; Foto J. Schrenk

Schwester versah: Er habe Zweifel, ob er überhaupt fürs Eheglück tauge. Das verletzte seine Braut tief. Daraufhin deutete er seine Bemerkung auf eine Weise, die den tiefen Ernst seiner Liebe bekundete: Man habe ja gemeinsam ausgemacht, „dass wir es Zufriedenheit heißen wollen, was wir miteinander zu erreichen gewiß seien; und: ‚Es gibt eine selige Zufriedenheit, die, ohne Täuschung betrachtet, mehr ist als alles, was glücklich sein heißt.' – Als ich die Worte geschrieben, die ich vor mir habe und deren Sinn mir so teuer ist: ‚Du siehst daraus, wie glücklich ich für mein ganzes übriges Leben mit ihr sein kann und wie glücklich mich solcher Gewinn einer Liebe, auf den ich mir kaum noch Hoffnung in der Welt machte, bereits schon macht?' – so fügte ich, gleichsam als ob dieser meiner glücklichen Empfindung und deren Ausdruck zu viel gewesen wäre gegen das, was wir gesprochen, noch hinzu: ‚insofern Glück in der Bestimmung meines Lebens liegt.' Ich meine nicht, daß Dir dies hätte weh tun sollen! – Ich erinnere Dich noch daran, liebe Marie, daß auch Dich Dein tieferer Sinn, die Bildung Deines Höheren in Dir, es gelehrt hat, daß in nicht oberflächlichen Gemütern an alle Empfindung des Glücks sich auch eine Empfindung der Wehmut anknüpft! Ich erinnere Dich ferner daran, daß Du mir versprochen, für das, was in meinem Gemüt von Unglauben an Zufriedenheit zurück wäre, meine Heilerin zu sein, d. h. die Versöhnerin meines wahren Innern mit der Art und Weise, wie ich gegen das Wirkliche und für das Wirkliche – zu häufig – bin; daß dieser Gesichtspunkt Deiner Bestimmung eine höhere Seite gibt; daß ich Dir

Das Peller-Haus (heute u.a. Stadtbibliothek) am Egidienplatz; Foto J. Schrenk

die Stärke dazu zutraue; daß diese Stärke in unserer Liebe liegen muß; – Deine Liebe zu mir, meine Liebe zu Dir – so besonders ausgesprochen – bringen eine Unterscheidung herein, die unsere Liebe trennte; und die Liebe ist nur unsere, nur diese Einheit, nur dieses Band; wende Dich von der Reflexion in diesen Unterschied ab und laß uns fest an diesem Einen halten, das auch nur meine Stärke, meine neue Lust des Lebens sein kann; laß dieses Vertrauen zum Grunde von allem liegen, so wird alles wahrhaft gut sein."[126)]

II.10 Der Philosoph als Bürger

Für bürgerliche Häuslichkeit – einerseits dem Spießertum sich nähernd, andererseits durch Solidität und Integrität ausgezeichnet – war Hegel durchaus geschaffen. Im Freundeskreis des Tübinger Stifts galt er als der Behäbigste und „Normalste" (allerdings auch als der Untalentierteste). Später sprach Arthur Schopenhauer von Hegels „Bierwirtsphysiognomie". Als er um 1800 in Bamberg eine berufliche Möglichkeit erhoffte, schrieb er an Schelling, dass er einen Ort brauche, der seinen bisherigen Lebensverhältnissen entspreche: er suche „wohlfeile Lebensmittel" und um der „körperlichen Umstände" willen „ein gutes Bier" sowie einige „wenige Bekanntschaften".[127)]

Seine bürgerlichen Erwartungen, wie er sie nach seiner Eheschließung in Nürnberg erfüllt sah, fasste er in einem Brief an Niethammer, dem er als Mitschöpfer seines Glücks dankte, zusammen: „Ich habe damit im ganzen – einige noch wünschenswerte Modifikationen abgerechnet

J. J. Kleemann: Hausmusik in der Familie von Caspar Gottlieb Merkel (1767); Mit Flöte hinter dem Cembalo Paul Wolfgang Merkel; GNM

– mein irdisches Ziel erreicht, denn mit einem Amte und einem lieben Weibe ist man fertig in dieser Welt. Es sind die Hauptartikel dessen, was man für sein Individuum zu erstreben hat. Das Uebrige sind keine eignen Kapitel mehr, sondern etwa nur Paragraphen oder Anmerkungen. Von den bisherigen Wochen meines Ehstands will und habe ich eigentlich auch nichts Weitläufigeres zu schreiben. Sie haben mir die Frist zur Antwort gegeben, daß sie nur noch vor Ende der Flitterwochen erfolgen soll, supponieren aber selbst, daß man in denselben kein Ende derselben besorge. Ich meine aber so viel, daß, indem ich mit ruhigeren Ansichten in dieselben getreten und mit weniger Täuschungen auch die Zeit von der Hochzeit an durchlebte, auch für das Uebrige ungefähr ein nicht entfernter Grad von Zufriedenheit, vornehmlich dieselbe Innigkeit des Vertrauens, sich erhalten lasse."[128]

In der „Quersumme seiner Existenz" war Liebe – nach der Eskapade in Jena mit der Folge eines unehelichen Sohnes – und zwar die Liebe zu seiner Frau Marie, der ihm ruhige Geborgenheit vermittelnde größte Faktor; sie war metaphysisch fundiert. „Die Ehe ist wesentlich religiöses Band; die Liebe hat zu ihrer Ergänzung noch ein höheres Moment nötig, als sie an sich selbst und für sich allein ist. Was vollkommene Befriedigung, ganz glücklich sein heißt, vollendet nur die Religion und das Pflichtgefühl, denn nur darin treten alle Besonderungen des zeitlichen Selbst auf die Seite, die in der Wirklichkeit Störung machen könnten, welche ein Unvollkommenes bleibt und nicht als das Letzte genommen werden kann, aber in der das liegen sollte, was Erdenglück genannt wird."[129]

Allerdings dürften für Hegels Liebeserlebnis auch Schillers das Wogen der Gefühle einschränkende Verse in der „Glocke" gültig gewesen sein: „Ach! des Lebens schönste Feier / endigt auch den Lebensmai, / mit dem Gürtel, mit dem Schleier / reißt der schöne Wahn entzwei. / Die Leidenschaft flieht! / Die Liebe muß bleiben, / die Blume verblüht / die Frucht muß treiben." Obwohl Hegels rhapsodische Huldigungen der Geliebten zunächst deutlich machten, wie stark er innerlich bewegt war – so galt für ihn letztlich doch auch hier das Prinzip der distanzierenden Abstraktion. Liebe und Empfindung wurden der „Deviation und Verführung zum Ungeist" verdächtigt. Der Docht der häuslichen Lampe sollte nicht weiter entflammt, sondern zur „Zufriedenheit" heruntergeschraubt werden. Aufschlussreich ist in diesem Zusammenhang eine Bemerkung, die Marie zwei Monate vor der Hochzeit in einen Brief Hegels an Caroline Paulus einfügte; diese galt dessen allgemeiner Weltsicht, aber im Besonderen, aufgrund ihrer Platzierung im Brief, seiner Ansicht von Liebesdingen: „Hegel gehört auch zu diesen Hoffnungslosen, die nichts erwarten, nichts begehren." Das war auf den Briefrand neben eine Stelle geschrieben, in der Hegel davon sprach, dass in dieser Welt niemand mehr eine Rückkehr zum Besseren erwarte. „Doch ist's auch nicht schlimmer geworden. Ich genieße mit meiner lieben Marie eines ruhigen, immer sich verinnigerenden Glücks; den Hauptruck, der noch zu machen ist, wird uns mit des Himmels Hülfe der Herbst herbeibringen."[130]

> **Liebe als Hervorbringung und Auflösung von Widerspruch**
>
> Liebe heißt … das Bewußtsein meiner Einheit mit einem anderen, so daß ich für mich nicht isoliert bin, sondern mein Selbstbewußtsein nur als Aufgabung meines Fürsichseins gewinne und durch das Mich-Wissen, als der Einheit meiner mit dem anderen und des anderen mit mir. Die Liebe ist aber Empfindung, das heißt die Sittlichkeit in Form des Natürlichen; im Staate ist sie nicht mehr: da ist man sich der Einheit als des Gesetzes bewußt, da muß der Inhalt vernünftig sein, und ich muß ihn wissen.
>
> Das erste Moment in der Liebe ist, daß ich keine selbständige Person für mich sein will und daß, wenn ich dies wäre, ich mich mangelhaft und unvollständig fühle. Das zweite Moment ist, daß ich mich in einer anderen Person gewinne, daß ich in ihr gelte, was sie wiederum in mir erreicht. Die Liebe ist daher der ungeheuerste Widerspruch, den der Verstand nicht lösen kann, indem es nichts Härteres gibt als diese Punktualität des Selbstbewußtseins, die negiert wird und die ich doch als affirmativ haben soll. Die Liebe ist das Hervorbringen und die Auflösung des Widerspruchs zugleich: als die Auflösung ist sie die sittliche Einigkeit.
>
> (27) Hegel paragraphiert die Liebe

In Hegels Werk erfährt Liebe jedoch – jenseits biedermeierlicher Betulichkeit – eine „radikale" Deutung: eine bis zu den Wurzeln reichende Vieldeutigkeit und Offenheit ausschließende, den Diskurs durch das Dekret ersetzende Festlegung. Liebe etwa wird in den „Grundlinien der Philosophie des Rechts" unter dem Aspekt der Opferung des Selbstbewusstseins gesehen; das war der eigenen biographischen Erfahrung entgegengesetzt, bei der die „Gefühle, die im Sehnen schwelgten" als ein dem „Selbst gebrachter Schmeichelhauch" empfunden worden waren. „Die Kulminationspunkte der Persönlichkeitsentwicklung in Hegels System sind im Zustand der Liebe ausgelöscht, das Selbstbewußtsein, das ‚für sich' sein will, fühlt sich unfrei, ist ‚außer sich' und aufgehoben. Dieser Zustand ist im System sonst nur als ein Durchgangsmoment vorgesehen, er fällt daher lästig, wenn er ein Eck- oder Zielpunkt sein sollte, ein Dauerpunkt ist er ohnehin nicht."[131] Der Normalbürger Hegel war eben als Philosoph ein für Lebenswirklichkeit unzugänglicher „Extremist".

Der nach außen in Erscheinung tretende Hegel – von der Kleidung her gesehen meist „mit Hut und grauem Leibrock und mit viel weißer Wäsche angethan"[132] – war, abgesehen von seinem allgemeinen Festhalten am maßvollen „gebändigten" Weltschmerz, ein aller Flamboyanz abholder Normalbürger, der ein aufgeschlossenes Leben ohne schrullige Launen führte; seinen familiären Sinn (und sein Lachen) rühmte zum Beispiel seine Schwiegermutter. Hegels Familienleben in der Nürnberger Zeit war tief eingebettet in die Alltäglichkeit ohne jeden Zug zum Exzentrischen. „Abweichen von der bürgerlichen Regel liegt ihm vom angeborenen Temperament her fern. Das wäre mit unabsehbaren Risiken verbunden. In der Familie herrscht er als unangefochtener Patriarch, der selbst das Haushaltungsbuch führt und Einnahmen und Ausgaben eigenhändig einträgt. Marie Hegel wird in der Korrespondenz als ‚kleine Frau' angeführt, so wie er gegenüber Niethammer bei seinen Empfehlungen an dessen Ehefrau stereotyp ‚beste Frau' verwendet – beides bescheidene, im biedermeierlichen Bürgertum kursierende Komplimente. Die Heirat hat Hegel das bürgerliche Lebensgefühl gegeben, daß der Mensch erst in der Ehe ganz zu sich selbst findet. Konflikte werden darin freilich nicht zur Sprache gebracht. Daß es sie gegeben hat, liegt auf der Hand; sie mußten sich zwangsläufig aus der Existenz des kleinen Ludwig Fischer entwickeln, der in Jena in Pension fern von Vater und Mutter mehr krank als gesund vor sich hin lebte. Die Kosten für seine Verpflegung wurden vom Vater aus Nürnberg regelmäßig, aber auch nichts darüber hinaus entrichtet. Seine Versuche, den Sohn besuchsweise im eigenen Nürnberger Haushalt aufzunehmen, sind offenbar von seiner Frau verhindert worden."[133]

II.11 Geselligkeit

In Nürnberg bildete sich Hegels Fähigkeit zu charmanter Unterhaltsamkeit heraus, die dann in Berlin eine besonders große gesellschaftliche Anerkennung fand. „Mit der zärtlichen Mutter wußte er sich gemüthlich über Erziehung zu ergehen, der eleganten Dame etwas Angenehmes über die Wahl der Toilette zu sagen, auf die er – beiläufig – sich so besonders gut verstand, daß nicht leicht eine neue gewählte Parüre seiner Aufmerksamkeit entging, und er die gelegentlichen Toilettengeschenke für seine Frau immer selbst mit Sorgfalt zu wählen pflegte. Der wirthlichen Hausfrau spendete er nicht nur sein Lob über ein wohlschmeckendes Gericht, sondern ließ sich über die Bereitung in alle Details ein, wobei er denn mit Humor zuweilen als eifriger Gastronom erscheinen konnte, was er jedoch keinesweges war, da in seinem Hause auch hierin eine edle Einfachheit herrschte, wie es denn in allen Beziehungen erfreulich und erhebend war, ihn als Gatte, Vater und Hauswirth zu beobachten. Angebetet von den Kindern, vergöttert von der Frau, die, zwei und zwanzig Jahre jünger als er, nicht blos mit der Zärtlichkeit einer Gattin, sondern mit kindlicher Verehrung an ihm hing, sah man ihn in gleichmüthiger Zuthätigkeit bemühet, es seinen Gästen möglichst wohl werden zu lassen in seiner Umgebung."[134]

Hegels kommunikative Offenheit entsprach der Maxime des Adolph Freiherrn von Knigge, die auch und gerade im Nürnberger Bürgertum einen fruchtbaren Boden fand: „Aus dem Umgang mit Freunden muß alle Verstellung verbannt sein. Das soll all falsche Scham, da soll aller Zwang, den Konvenienz, übertriebene Gefälligkeit und Mißtrauen im gemeinen Leben auflegen, wegfallen."[135] Exemplarisch hat Geselligkeit solcher Art Rebekka Habermas am Beispiel der Familie des Kaufmanns Paul Wolfgang Merkel deutlich gemacht.

> **Paul Wolfgang Merkel**
>
> Paul Wolfgang Merkel, Kaufmann, Marktvorsteher, geboren am 1. April 1756 in Nürnberg, gestorben am 16. Januar 1820 in Nürnberg, evangelisch.
>
> Merkel war eine der herausragenden Persönlichkeiten der bürgerlichen Reformbewegung in der Endzeit der Reichsstadt und dem Beginn der bayerischen Zeit. Der Sohn des Teilhabers des angesehenen Nürnberger Handelshauses Merz ergriff auf Wunsch seiner Eltern den Kaufmannsberuf, formte aus den Handelsgeschäften seines Vaters und seines Schwiegervaters 1784 das

Katalog des Stadtarchivs Nürnberg anlässlich der Merkel-Ausstellung im Jahre 2006

> Handelshaus Lödel & Merkel und machte es in den folgenden, von Revolution und napoleonischer Herrschaft gekennzeichneten Jahrzehnten zu einem der erfolgreichsten Handelsunternehmen der Stadt. Wie viele Angehörige der bürgerlichen Oberschicht war er Anhänger der Aufklärung und setzte sich vielfach für das „Gemeine Wohl", d.h. für wirtschaftliche und soziale Reformen ein, so als Marktvorsteher (1791 bis 1820) und als Vorstand in der „Gesellschaft zur Beförderung der vaterländischen Industrie" (seit 1798 Dritter, seit 1799 Zweiter Direktor). Daneben war er aktiv in bürgerlichen Vereinigungen wie der Loge „Zu den drei Pfeilen" und der „Gesellschaft Museum" tätig. Als Vertreter im ersten bayerischen Landtag 1819 setzte er sich erfolgreich für die Rückzahlung der vom bayerischen Staat übernommenen Nürnberger Staatsschuld ein. Seiner Tätigkeit als Kunstsammler ist die

Bewahrung vieler Nürnberger Kunstschätze zu verdanken.

(28) Das Nürnberger Stadtlexikon zu einem wichtigen Freund Hegels

Allein schon die Rekonstruktion einer einzigen Woche aus dessen Leben zeige deren Extensivität und Intensität. „Kaum ein Mittag oder Abend verging ohne Besuch, und von jedem wurde ausführlich berichtet – etwa in den Briefen der Mutter an die Tochter, in denen häusliche Geselligkeit einen breiten Raum einnahm. In einer einzigen Woche kamen im Merkelschen Hause drei Pfarrer, ein Kaufmannsehepaar, ein Rechtsgelehrter samt Gattin, eine Professor der Philosophie, eine Literatin, ein Arzt, Hegel höchstselbst, die Freundin Colmarin und andere Freunde und Bekannte zusammen. Wenn auch nicht alle so weit gingen wie der junge Schleiermacher, der behauptete, fast den ganzen Tag bei Freunden und Freundinnen zuzubringen, um sich dort zu unterhalten, vorzulesen und sich weiterzubilden, so hat die häusliche Geselligkeit in diesen Kreisen mindestens soviel Zeit absorbiert wie die Vereine und Gesellschaften. Das heißt auch, daß das Merkelsche Haus eher einem Taubenschlag als einem Hort familiärer Idylle glich. Der familiäre Raum war keineswegs ein abgeschlossener Rückzugsraum, in dem eine isolierte Privatheit und Intimität gelebt wurde ..., sondern genauso wie die Vereinigungen Teil des sozialen Lebens und damit Ort politischer und kultureller, religiöser und sozialer Auseinandersetzungen, an dem die soziale und damit auch ökonomische Potenz bestimmt wurde. Von der Familie als einem Rückzugsort, als einem Refugium jenseits sozialer Anforderungen, kann nicht die Rede sein."[136]

Aufgeklärtes Bürgertum

Als typischer Vertreter des Bürgertums seiner Zeit erscheint Merkel auch, weil *sich in seiner Person beharrende und dynamische Momente vereinigen.* Um 1790 trug er die gegen das Herrschaftsmonopol des Patriziats gerichteten politischen Ansprüche der Bürgerschaft mit und verfolgte die Französische Revolution aus der Ferne mit Begeisterung, doch blieben seine konkreten Veränderungswünsche im Rahmen der über Jahrhunderte gewachsenen reichsstädtischen Institutionen. Die Reichsstadt Nürnberg war der Bezugspunkt seines politischen Denkens - sogar über 1806 hinaus. Als Großhändler zählte er zu der wirtschaftlich potentesten Schicht im Nürnberg des ausgehenden 18. Jahrhunderts und setzte sich im Rahmen des „bürgerlichen" Vereinswesens für wirtschaftliche Reformen ein. Gleichwohl blieb er Kaufmann in einem eher traditionellen, auf Auskömmlichkeit gerichteten Sinne, dem der Übergang zu industriellen Fertigungsformen noch fern lag. Auch in seinen häuslichen, familiären Verhältnissen füllte er noch die traditionelle Rolle des Hausvaters aus - erst in der Generation seiner Kinder, zumal in den Ehen seiner Töchter Katharina und Elise, trat ein Wandel ein, der neue Leitbilder der Ehe und der Kindererziehung zum Maßstab bürgerlichen Lebens erhob. Nürnberg stand in den Jahren um 1800 im Übergang zu einer neuen Form der politischen Existenz, dem dann, im weiteren Verlauf des 19. Jahrhunderts, der Übergang in das

Industriezeitalter folgte, der von einer neuen, noch im 18. Jahrhundert wurzelnden, aber jüngeren Generation getragen wurde. Als Repräsentant einer Generation, die - stärker traditionsverhaftet - in die Zukunft wies, ohne ihr doch schon anzugehören, stellte Paul Wolfgang Merkel eine charakteristische Erscheinung des Übergangs dar.

(29) Georg Seiderer über Merkel als aufgeklärten Bürger

Hegel, der in der Amtswohnung des Gymnasiums auf den Egidienplatz unweit der Merkels wohnte, war bei diesen ein häufig gesehener Gast; mit der „Merkelin" und den Kindern pflegte er vertraulichen Umgang und ihren Mann betraute er auch mit intimen Dingen, etwa was die Brautwerbung betraf. 1810 verbrachte er selbst den Weihnachtsabend bei der Familie. Im Freundeskreis Merkels sprach man über Literatur, Wissenschaft, Politik und allgemeine Themen. In privaterer Runde ging es auch um Persönliches wie Karriere- und Hochzeitspläne. Auch die Dienstboten lieferten manchen Gesprächsstoff. Gesprächspartner waren unter anderem Heinrich Eberhard Paulus, Tübinger Stiftler, und Thomas Johann Seebeck, den Hegel seit Jena kannte und in die Familie Merkel eingeführt hatte; er wurde Taufpate von Merkels ältestem Sohn.

Die Beziehung zwischen Hegel und Seebeck ist für die Wissenschaftsgeschichte der Zeit aufschlussreich und verdient einen besonderen Exkurs.

Seebeck kam aus einer wohlhabenden Kaufmannsfamilie der estnischen Hauptstadt Reval, hatte in Berlin und Göttingen Medizin studiert und in Göttingen durch Lichtenberg seine Liebe für die Naturwissenschaft entdeckt.[137)] Nach der Heirat mit der Tochter eines fränkischen Hofkammerrats lebte er kurze Zeit in Bayreuth, zog aber 1802 nach Jena, wo er Zugang zu dem Kreis um Schelling und Hegel fand und über diesen auch zu Goethe und dem Großherzog von Weimar, dem er Vorträge über die neuesten Fortschritte in der Physik, insbesondere über das Gebiet des Galvanismus, hielt. Eine feste Anstellung hatte er nicht. Er

Goethes Mineraliensammlung befindet sich heute in seinem Gartenhaus in Weimar; Foto J. Schrenk

lebte von seinem ererbten Vermögen, strebte aber eine akademische Karriere an. Weil es dabei weder mit einem Lehrstuhl in Jena noch mit einer erhofften Anstellung in Berlin etwas wurde, verließ er 1810 frustriert Jena und zog zurück nach Bayreuth, wo er auch in dem Dichter Jean Paul einen Freund fand. Im April 1812 schreibt er an Goethe: „In Nürn-

Ansicht des Merkelschen Gartenanwesens vor dem Laufer Tor (2. Hälfte 18. Jh.); GNM

berg werde ich für meine physikalischen und chemischen Arbeiten manche Erleichterung finden, und für meine Kinder finde ich in den meisten Fächern gute Lehrer. Auch kann ich dort eher etwas erwerben." Mit Goethe, der 1797 Gast im Hause Merkel gewesen war, stand Seebeck in seiner Nürnberger Zeit weiterhin in engem Kontakt. In den zahlreichen Briefen geht es um naturwissenschaftliche Fragen, vor allem über die Farbenlehre, man spricht über Artikel in den „Philosophical Transactions" oder im „Journal für Chemie und Physik", tauscht aber auch gesellschaftliche und private Neuigkeiten aus. In Goethes Auftrag verhandelt Seebeck in Nürnberg zudem wegen des Ankaufs einer Majolikasammlung, erwirbt für ihn Literatur, sowie Kalkspate und andere Gesteine für dessen Mineraliensammlung. Darüber hinaus lässt Seebeck für Goethe durch einen Nürnberger Töpfermeister Gipsabgüsse von den Apostelfiguren an Peter Vischers berühmtem „Sebaldusgrab" in St. Sebald machen, ebenso vom „Gänsemännchenbrunnen" am Nürnberger Obstmarkt, den Goethe fälschlicherweise für ein Werk Peter Vischers gehalten hatte. (So kam es, dass das Gänsemännchen heute als naturgetreuer Bronzeguss in Weimar steht.)

Eine feste Anstellung hatte Seebeck in Nürnberg nicht, er war wirtschaftlich wegen des ererbten Vermögens leidlich unabhängig. Vergeblich bemühte er sich mehrmals um eine Professur in München. Wie aus einem Brief an Goethe vom September 1816 hervorgeht, versuchte dieser seinem langjährigen Korrespondenten zu helfen, doch der schreibt ihm, er brauche sich jetzt nicht weiter zu bemühen, denn er habe eine Professur in Heidelberg in Aussicht. Aus Seebecks Anstellung in Heidelberg wurde nichts. Hegel hatte sich über dessen Qualifikation als Hochschullehrer in einem vertraulichen Gutachten zu wenig positiv geäußert. Trotz der vereinbarten Vertraulichkeit erfuhr Seebeck davon. Er verzieh es Hegel nie; die Freundschaft der beiden war auf Dauer zerbrochen und konnte auch dann nicht wieder hergestellt werden, als beide ab 1818 zwölf Jahre lang in Berlin nebeneinander wirkten.

Der Hintergrund für die Entzweiung zwischen Hegel und Seebeck mag auch in deren höchst unterschiedlicher wissenschaftlicher Vorgehensweise gelegen haben. Seebeck war ein empirisch denkender Naturwissenschaftler, Hegel vor allem ein – um es kritisch zu formulieren, auch wenn er selbst stets seine phänomenologische Kompetenz herausstellte – „Spekulant", der davon überzeugt war, dass man die Natur aus dem Geist (und nicht aus ihren Erscheinungsweisen) erkennen könne. Das macht zum Beispiel Hegels Definition der Elektrizität aus seiner „Enzyklopädie der philosophischen Wissenschaft, 2. Teil: Die Naturphilosophie" deutlich, die auch angesichts des damaligen Wissenstandes als geradezu lächerlich anmuten musste. „Elektrizität ist der reine Zweck der Gestalt, der sich von ihr befreit, die Gestalt, die ihre Gleichgültigkeit aufzuheben anfängt; denn die Elektrizität ist das unmittelbare Hervortreten oder das noch von der Gestalt herkommende, noch durch sie bedingte Dasein, oder noch nicht die Auflösung der Gestalt selbst, sondern der oberflächliche Prozeß, worin die Differenzen die Gestalt verlassen, aber sie zu ihren Bedingungen haben, und noch nicht an ihnen selbständig sind."[138]

Neben ausgeprägter familiärer Geselligkeit war die der Vereine von großer Bedeutung. Die besseren Kreise trafen sich in vornehmen Gesellschaften wie „Harmonie" oder „Museum", die nach ihren Satzungen ausdrücklich nur für „die gebildeten Klassen" offen standen. „Man begegnete sich in eigenen Lokalitäten mit Club- und Konversationsräumen, Billardräumen und Lesezimmern, in denen die wichtigsten Journale, politischen und gelehrten Zeitungen und relevanten Flugschriften zur Lektüre auslagen. Die Aufnahme erfolgte auf Vorschlag des Vorstandes durch ‚Ballotage', einer damals üblichen Geheimabstimmung mit weißen und schwarzen Kugeln. Die Vereinsmitglieder des Museums durften in die Gesellschaftsräume auch Gäste mitbringen, aber nur solche, deren ‚Eigenschaft und Erwerbszweig von der Beschaffenheit' war, dass sie Mitglieder werden konnten. ‚Individuen, die ihrem Stande nach nicht aufnahmefähig' waren, mussten nach den gültigen Vereinsregeln ‚von dem Besuch des Museums gänzlich entfernt bleiben'. Unter den 343 Mitgliedern des ‚Museums' findet sich dementsprechend 1812 kein einziger Handwerksmeister, Künstler oder Kunsthandwerker oder anderer Angehöriger des gehobenen oder mittleren Kleinbürgertums. In den Mitgliederlisten – einem ‚Who is who' der Nürnberger Oberschicht – finden sich dagegen Patrizier, Kaufleute, Senatoren, Ärzte, Apotheker, Bankdirektoren, Pfarrer, Buch- und Kunsthändler, Richter, Beamte, Offiziere und gelehrte Leute, darunter Hegel und Seebeck."[139]

> **Die Gesellschaften Harmonie und Museum**
>
> Die „Gesellschaft Harmonie" wurde 1805 von 213 Mitgliedern der meist gebildeten Stände als Lesegesellschaft gegründet. Innere Unstimmigkeiten führten 1810 zu einer Austrittswelle und der Gründung der konkurrierenden „Gesellschaft Museum"; die Verluste konnten erst durch den Anschluss der ebenfalls 1810 gegründeten Gesellschaft „Union" (1813) ausgeglichen wer-

den. 1825 kam es abermals zu einer Spannung, die zur Gründung des Vereins „Eintracht" führte; die verbliebene „Gesellschaft Harmonie" vereinigte sich 1826 mit dem „Freundschafts-Klub". Mitglieder werden konnten Adelige, Akademiker, Beamte, Kaufleute und Fabrikanten; ausgeschlossen waren Offiziere und 1857 bis 1865 auch Juden. Innerhalb der Gesellschaft bildeten sich eine Zimmerstutzengesellschaft (1868), ein Kegelklub (1877) und zwei Gesangsvereine (1855, 1887). 1863 erreichte die Gesellschaft ein eigenes Gesellschaftshaus in der heute noch nach ihr benannten Harmoniestraße in den Gärten bei Wöhrd, das nach einem Rückgang der Mitgliederzahlen 1897 wieder verkauft werden musste. Wohl um 1958 löste die Gesellschaft sich auf.

Die „Gesellschaft Museum" war eine 1810 durch Abspaltung von der „Gesellschaft Harmonie" als Geselligkeits- und Lesegesellschaft mit zunächst 328 Mitgliedern entstanden, nachdem bereits 1809 eine AG zur Errichtung eines Gesellschaftshauses gegründet worden war. AG und Gesellschaft blieben bis 1836 rechtlich getrennt, obwohl sie sich in ihrer Mitgliedschaft weitgehend überschnitten. Das Gesellschaftshaus wurde mit späterer Adresse Königstraße 1 auf dem Areal des ehemaligen Franziskanerklosters im Bereich des vormaligen Zuchthauses (Korrektionsanstalten) mit zwei Lesekabinetten (zeitweilig mit eignem Bibliothekar), Spiel- und Gesprächszimmern, Gesellschaftssaal und Kegelbahn errichtet. Nach ihm erhielt die Museumsbrücke ihren heutigen Namen. Die Gesellschaft war sozial außer durch Besitz- und Bildungsbürgertum stark durch Adel (Patriziat), Beamte und das Offizierskorps bestimmt. Um 1900 war die Mitgliederzahl auf 966 gestiegen; sozial überwog jetzt das Besitz- und Bildungsbürgertum (vor allem Kaufleute). Im Zweiten Weltkrieg wurde das Gesellschaftshaus zerstört. Heute besitzt die Gesellschaft ein neues Gesellschaftshaus in der Campestraße 10.

(30) Das Nürnberger Stadtlexikon zur organisierten Geselligkeit

In Nürnberg und dann vor allem in Berlin nahm Hegel am Kulturleben regen Anteil. Auch darin zeigte sich, so sein ältester Sohn Karl in seinen Lebenserinnerungen, seine Freude am geselligen und gesellschaftlichen Leben. Er ließ „seine Philosophie gern bei Seite, wo er nur Erholung von der Anstrengung des Denkens suchte. ‚Wen Gott zum Philosophen verdammt hat' hörte ich ihn einmal sagen …

Über die Werke der bildenden Kunst wurde gern die Unterhaltung mit den Malern Xeller, einem gemütlichen Schwaben aus Biberach, und Freunde von Cornelius, und den Heidelbergern Schlesinger und Köster gepflogen. Alle drei waren vorher bei der Boisserée'schen Gallerie in Heidelberg mit der Restauration der Gemälde beschäftigt gewesen und jetzt zu demselben Zweck bei den Sammlungen des Berliner Museums angestellt. In den öffentlichen Interessen der Hauptstadt waren vorwiegend die Angelegenheiten des Theaters. Es war die Zeit, da die große Sängerin Milder-Hauptmann die Gluck'schen Opern Iphigenie in Aulis und auf Tauris,

Rechts im Bild ist das Haus der „Gesellschaft Museum" zu sehen (Königstr. 1), links das Heilig-Geist-Spital (frühes 19. Jh.); GNM

Armide und Alceste durch seelenvollen Vortrag einer mächtigen Stimme und plastische Darstellung verherrlichte, da die Crelinger im Schauspielhause in den Schiller'schen und Raupach'schen Dramen ihre Rollen unübertrefflich vorführte und auf der Königstädter Bühne Henriette Sonntag durch Koloraturen des Gesanges und jugendliche Anmut alle Welt bezauberte. Mein Vater versäumte keine Gluck'sche Oper und meine Mutter, die ebenso warmen Anteil daran nahm, empfing die Frau Milder in unserem Hause, wo diese die Huldigungen, die man ihr darbrachte, in vornehmer Haltung entgegennahm. Auch das Schauspielhaus wurde gern besucht. Raupach hatte das unstreitige Verdienst, durch seine historischen und andern Theaterstücke das deutsche Schauspiel den französischen Komödien gegenüber wieder zu Ehren gebracht zu haben, und mein Vater ehrte ihn durch eine anerkennende Recension, die er über seine ‚Bekehrten' in Saphirs Schnellpost schrieb; ich sah ihn bei uns in einer Abendgesellschaft ... Auch kam zu uns der berühmte Kunstkenner Rumohr, der als Verfasser des ‚Geistes der Kochkunst' die Hausfrau in Verlegenheit setzte, aber zu ihrer Beruhigung eigenhändig den Salat bereitete.

Nicht wenig war das Kartenspiel beliebt und mein Vater war ein guter Spieler. In den ersten Jahren wurde das l'Hombre bei dem Präsidenten des rheinischen Kassationshofes Meusebach bisweilen bis tief in die Nacht fortgesetzt ... In späteren Jahren wurde das Whistspiel bevorzugt. Zelter, Direktor der Singakademie, der Maler Rösel und Bloch, Agent der Seehandlung, waren gewöhnlich die Partner ... Übrigens war mein Vater keineswegs wählerisch bei den Partnern des Whistspiels; er nahm auch mit untergeordneten Geistern vorlieb, dem königlichen Stallmeister Schur, dem Fabrikan-

Tucher-Fenster in der St. Lorenzkirche und Museum Tucherschloss (ehem. Tuchersches Gartenanwesen in der Hirschelgasse); Fotos J. Schrenk

ten Sparkäse und Heinrich Beer, seinem eifrigen Zuhörer, der neben den Brüdern, dem Komponisten Meyer Beer, dem Dichter Michael Beer und dem Astronomen Wilhelm Beer, den Philosophen vorstellte, wenn auch sein Anteil sich nur darauf beschränkte, daß er die Hegel'schen Vorlesungen zwei und drei mal wiederholt hörte und von einem Studenten nachschreiben ließ. Auch besuchte mein Vater gern die jüdischen Häuser, in denen man die geistigen Größen der Hauptstadt anzutreffen gewohnt war: das der Frau Amalie Beer im Tiergarten, der Mutter der genannten Brüder, das des feinsinnigen Joseph Mendelssohn, eines Sohnes des Philosophen Moses, und Kenners des Dante, und das seines Sohnes, des Banquier Alexander Mendelssohn in der Jägerstraße."[140]

III. APOTHEOSE IN PREUSSEN

III.1 Das Berufungskarussell

Hegel strebte, auch wenn er in Nürnberg seine pädagogische und schulaufsichtliche Tätigkeit mit großem Engagement ausübte, immer nach einer akademischen Karriere. So hoffte er auf eine Berufung an die Universität Erlangen. In den Briefen an Friedrich Niethammer wird dies immer wieder an- und ausgesprochen; der Freund versprach, sein Möglichstes dafür zu tun. Das 1812 in drei Bänden veröffentlichte Werk „Die Wissenschaft der Logik", abgeschlossen in der Zeit seiner Verlobung und Heirat, hatte Hegels wissenschaftlichen Ruf entschieden gestärkt. Als er aus Erlangen eine Anfrage erhielt, wer wohl seiner Ansicht nach am besten für eine Professur der Philosophie geeignet sei, setzte er sich selbst auf die Empfehlungsliste. Das hatte Erfolg; freilich war das dann eintreffende Berufungsschreiben „geradezu beleidigend kühl und geschäftsmäßig abgefaßt"[141]. Das verletzte ihn jedoch nicht zu sehr, denn im Juli und August 1816 setzte sich für ihn geradezu ein Berufungskarussell, wenn auch etwas „holprig", in Bewegung. Ein aus Berlin eintreffendes Angebot – an der dortigen Universität war nach dem Tod Fichtes der zweite philosophische Lehrstuhl frei geworden – war allerdings mit dortigen internen Querelen verbunden. Der Senat hatte zwar eine Berufungsliste erstellt, auf der Hegel primo loco erschien, doch versuchte der Dekan der Fakultät, Wilhelm Martin Leberecht de Wette, durch ein Sondervotum den zuständigen Minister Caspar Friedrich Freiherr von Schuckmann, der Kantianer und Gegner der Naturphilosophie Schellings war, gegen Hegel zu beeinflussen: Dieser sei eigentlich nur ein „Nachtreter" Schellings. Die Hegelsche Logik sei eine obskure Geheimwissenschaft, sein Kathedervortrag verworren, ängstlich, verlegen und entbehre jeder Klarheit und Flüssigkeit, und es dürfe wohl nicht angenommen werden, dass Hegel diesen Mangel durch seine Vorträge am Gymnasium behoben habe.[142] Das führte dann am 24. August 1816 zu einer merkwürdigen Anfrage des Ministers an Hegel – ein Brief, der, auch wenn er als Folge einer Intrige entstanden war, doch einigermaßen objektiv die Schwächen des Philosophen ansprach: „In Hinsicht des Rufes und der Achtung, die Sie sich durch Ihre philosophischen Schriften erworben haben, wird das Ministerium gern bei Besetzung dieser Stelle auf Sie Rücksicht nehmen. Jedoch glaubt es, zum Besten der Anstalt und Ihrer selbst ein Bedenken zuvor beseitigen zu müssen, welches Ihnen als einem redlichen Manne zur Prüfung und Beantwortung offen dargelegt wird. Da Sie nämlich nun schon seit einer bedeutenden Reihe von

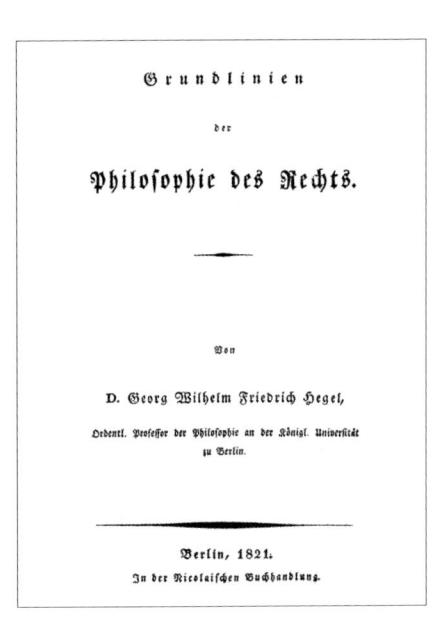

Grundlinien
der
Philosophie des Rechts.

Von

D. Georg Wilhelm Friedrich Hegel,
Ordentl. Professor der Philosophie an der Königl. Universität zu Berlin.

Berlin, 1821.
In der Nicolaischen Buchhandlung.

Jahren nicht akademische Vorträge gehalten haben, auch vorher nicht lange akademischer Lehrer gewesen sind, so ist von mehreren Seiten der Zweifel erregt worden, ob Ihnen auch die Fertigkeit, über Ihre Wissenschaft lebendigen und eindringlichen Vortrag zu halten, noch völlig zu Gebote stehe, die, wie Sie selbst überzeugt sein werden, so sehr nötig ist, weil gerade zu dieser Wissenschaft jetzt, wo das leidige Treiben in den Brotstudien überall bemerkbar ist, der Geist der jungen Leute besonders durch lebendigen Vortrag aufgeregt und hingeleitet werden muß."[143]

Das „sicherste" und herzlichste Angebot erhielt Hegel aus Heidelberg. Der dortige Prorektor der Universität, Karl Daub, erfüllte den „höchst erfreulichen Auftrag" anzufragen, ob er geneigt sei, die Stelle eines ordentlichen Professors der Philosophie anzunehmen. „Die Besoldung besteht in 1.300 fl. an Geld, 6 Maltern Korn und 9 Maltern Spelz. Das ist freilich wenig, allein leider weiß ich, daß vorerst nicht mehr bewilligt werden kann. Und so würde denn meine Hoffnung einer bejahenden Antwort auf obige Frage sehr schwach sein, wenn ich nicht aus mehrjähriger, an mehreren meiner Kollegen und an mir selbst gemachten Erfahrung hinzusetzen dürfte, daß die Regierung, wenn Professoren mit einigem Fleiß und einigem Beifall lehrten, ihre Gehalte nach und nach ansehnlich vermehrt habe und so auch künftig tun werde. Nun würde aber Heidelberg an Ihnen, wenn Sie den Ruf annähmen, zum erstenmal (Spinoza wurde einst, aber vergebens hierher gerufen, wie Sie vermutlich wissen) seit Stiftung der Universität einen Philosophen haben. Den Fleiß bringt der Philosoph mit, und der Philosoph, der Hegel heißt, bringt noch vieles andre mit, wovon freilich die wenigsten hier und – überall bis jetzt eine Ahnung haben, und was durch bloßen Fleiß nicht errungen werden kann. An Beifall wirds nicht fehlen, wenn sie nur endlich auch einen Philosophen zu vernehmen bekommen. Darauf, verehrungswürdiger Mann, und auf Ihren Edelmut im Interesse für die Wissenschaft und für Ihre Wiederbelebung (sie ist ja jetzt auf den deutschen Universitäten wie versteint oder verholzt) gründen sich meine Hoffnungen ... Erleb' ich's, daß Sie der Universität Heidelberg angehören, die ich wie meine Pflegemutter liebe und bis ans Lebensende lieben werde, so ist ein reiner und erquickender Lichtstrahl in mein Leben gefallen."[144]

Zwar ergaben sich für Hegel hinsichtlich Heidelberg noch einige materielle Probleme – so wurde seine Forderung auf eine Freiwohnung abgelehnt (allerdings konnte er sein Gehalt auf 1500 Gulden heraufhandeln, bei einer Teilbesoldung durch Getreide) –, aber insgesamt fühlte er sich dadurch vom „Weltgeist" getragen und beflügelt. „Ein Ton gesteigerten Selbstbewußtseins durchdringt von nun an seine Briefe. Er ist jetzt, was er in Nürnberg nicht gewesen war, unanfechtbare Lehrautorität geworden mit der Aussicht, seine Lehre in den Stand einer Landesphilosophie zu bringen und sie so zu verbreiten. Das war, wie wir wissen, schon sehr früh sein Wunsch gewesen. Mit dem an den gesellschaftlichen Zuständen Bayerns geäußerten Mißvergnügen hat es nunmehr bei Hegel ein Ende. Er hatte, so sah es aus, mit seinem an den König gerichteten Gesuch, aus dem Staatsdienst auszuscheiden, Bayern eine Lektion erteilt."[145]

Heidelberg erhielt gegenüber Erlangen und Berlin den Vorrang. Die im bayerischen Regierungsblatt bereits angezeigte Ernennung Hegels für Erlangen – auch der dortige Rektor hatte schon gratuliert – war hinfällig. Mit großem Pathos heißt

Franz Theodor Kugler: „Hegel während einer Vorlesung" (1828); Abdruck mit freundlicher Genehmigung des BPK, Archiv Nr. 10.005.274-1

es in seiner Antrittsvorlesung am 28. Oktober 1816 unter Bezug auf Napoleons Verbannung nach St. Helena und den Abschluss des Wiener Kongresses – die Schwerkraft des Lebens (seine Frau war wegen der Anstrengungen beim Umzug frühzeitig niedergekommen und konnte zunächst nicht mitreisen) tangierte Hegel auch hier kaum –: „Weil der Weltgeist in Wirklichkeit so sehr beschäftigt war, konnte er sich nicht nach innen kehren und sich in sich selber sammeln. Nun, da dieser Strom der Wirklichkeit gebrochen ist, da die deutsche Nation sich aus dem Gröbsten herausgehauen hat, da sie ihre Nationalität, den Grund alles lebendigen Lebens, gerettet hat: so dürfen wir hoffen, daß ... dem politischen und sonstigen an die gemeine Wirklichkeit gebundenen Interesse auch die Wissenschaft, die freie vernünftige Welt des Geistes wieder emporblühe ... Der Mut der Wahrheit, der Glaube an die Macht des Geistes ist die erste Bedingung der Philosophie. Der Mensch, da er Geist ist, darf und soll sich selbst des Höchsten

würdig achten, von der Größe und Macht seines Geistes kann er nicht groß genug denken; und mit diesem Glauben wird nichts so spröde und hart sein, das sich ihm nicht eröffnete. Das zuerst verborgene und verschlossene Wesen des Universums hat keine Kraft, die dem Mute des Erkennens Widerstand leisten könnte; es muß sich vor ihm auftun, und seinen Reichtum und seine Tiefen ihm vor Augen legen und zum Genusse geben."[146]

Aber so wohl Hegel sich auch in Heidelberg fühlte – 1817 veröffentlichte er dort sein Werk „Enzyklopädie der philosophischen Wissenschaften" –, er strebte nach einer noch einflussreicheren Position. In Berlin interessierte man sich nun wesentlich ernsthafter als früher für ihn; schließlich, 1818, berief man ihn auf höchst ehrenvolle Weise. An die Schwester schrieb er: „Es sind freilich schöne Gegenden, die ich verlasse, aber es ist nicht die Gegend, der man andere, für seine Bestimmung wesentliche Umstände aufopfern kann. Berlin ist ein großer

115

Mittelpunkt für sich, und die Philosophie war von jeher mehr im nördlichen Deutschland Bedürfnis und zu Haus als im südlichen."[147]

III.2 Im Zentrum absoluter Reflexion

Karl Rosenkranz meint in seiner Biographie, dass Hegel nun in der für ihn „richtigen", und das hieß preußischen Stadt, angekommen war. Die Herrlichkeit der Natur, in die Heidelberg hineingebettet sei und nach allen Richtungen hin zu interessanten Reisen verlocke, habe die Studierenden in vielfache Zerstreuungen abgelenkt. Nun aber sei Hegel in die Zentrale einer strengen, aber aufblühenden Geistigkeit gelangt. Es sei eine geradezu höhere Notwendigkeit gewesen, die Hegels Berufung nach Preußen bewirkt habe. „Berlin ist die Stadt der absoluten Reflexion, welche Unruhe des Denkens mit der noch nicht zur Culmination gelangten Entwicklung des Preußischen Staates und seiner Hauptstadt selbst zusammenhängt. In Berlin existirt nichts Naives, Unmittelbares, sondern als ein durch die Reflexion Erzeugtes. Eine eigenthümliche Verstandesschärfe durchdringt hier alle Classen der Gesellschaft und theilt ihnen auch im Praktischen eine große Beweglichkeit und Rührigkeit mit."[148]

> **Bindung an Nürnberg**
>
> Auch wenn Hegel Berlin als Höhepunkt seines Wirkens empfand, viele Städte Europas, darunter die Hauptstädte Wien, Prag, Paris besuchte und das Lokale bzw. Regionale in seinem Weltbild eine geringe Rolle spielte, blieb er Nürnberg eng verbunden. Davon zeugt der umfangreiche Briefwechsel seiner Schwiegermutter mit ihm und ihrer Tochter Marie Susanna von Tucher, der nach Hegels Weggang aus Nürnberg einsetzte.
>
> „Dabei interessierte Hegel das ganze Nürnberger Familienleben, genauso wie umgekehrt die geselligen und familiären Zusammenkünfte, Feste, Hochzeiten und andere Familien-Ereignisse in Nürnberg immer mit *Fragen nach ‚Hegel'* erfüllt sind. Mit Stolz berichtet die Schwiegermutter über diese Erkundigungen nach Hegel und freut sich ganz besonders, wenn Besuche aus Berlin nach Nürnberg kommen und von dem Ansehen und den ‚Erfolgen' des ‚lieben Hegel' erzählen. Hegels nehmen an allen Freuden und Leiden der immer größer werdenden Familie v. Tucher teil. Aus der Vielzahl dieser so schlichten, so echten Berichterstattungen über Nürnberger Familienvorgänge sei hier nur aus dem Briefe vom 25.8.1818 eine Stelle angeführt: ‚In unserer jungen Welt geht es nun sehr lustig zu. Während wir in Heidelberg waren, machte sich bei Merkels eine große Tanzstunde, dadurch kamen Seebecks und Rüdts zu Merkels, diese gaben eine große Gesellschaft für junge Leute, wobei alles sehr vergnügt war, ich lud zu Fritzens Geburtstag [Marie Tuchers Schwester Friederike] und wegen Rüdts naher Abreise die nämlichen zu mir, es wurde nach dem Claviere bis 1 Uhr getanzt. Der jüngere Rüdt ist schon weg, er kommt nach Mainz in Garnison in österr. Dienste. Es tut mir recht leid und ahnd nach ihm. Er ist gar ein herzensguter Junge. Am Sonntag hielten Merkels Kirchweih, unser Kreis wurde heimlich, daß es Johannes [Merkel] nicht wußte, gebeten

Brief Hegels an seinen Schwager (1815); Stadtarchiv Nürnberg; Arch.-Nr. E 29-II-0452

und sie zogen als Bauern und Bäuerinnen gekleidet, recht niedlich, wie sich's denken läßt, kostümiert, 8 Paare singend in den Saal, und überreichten dem Bräutigam und der Braut Kränze und Blumen, einige Worte dazu sagend. Den Abend war Soupé Illumination und Feuerwerk. Und es wurde bis 2 Uhr getanzt. Ich ging mit Seebeck zu letzteren hinüber und mußte nun da bleiben. Der alte Marktvorsteher und die Merkels waren so sehr gerührt und erfreut über das ganze Arrangement, daß sie sich nicht dankbar genug dafür aussprechen konnten. Aber seine erste Frage war wieder mit dem lebhaftesten Anteil nach Hegel. Roth hat ihm geschrieben, daß Prof. Cousin in München gewesen sei, der mit so vieler herzlicher Anhänglichkeit der tiefsten Hochachtung für Hegel erfüllt wäre.'"
(31) Beyer über Hegels familiäres Interesse

So habe sich Hegel von Anfang an in Berlin geistig und gesellschaftlich sehr wohl gefühlt. „Mit diesem Verhältniß zu einem größeren Staat entwickelte sich in Hegel eine ihn verjüngende Spannkraft. Die heiterste Zuversicht durchdrang ihn. Alle Briefe, welche er in dieser Beziehung während des Sommers 1818 an seine im Bad zu Schwalbach befindliche Frau schrieb, sind von der größten Vorliebe für Berlin durchdrungen. Alles legt er zum Besten aus. In die Eigenheiten Berlins finde er sich schnell hinein. Alles stellt ihn zufrieden und die kühnsten Hoffnungen für seine Wirksamkeit breiten sich mit behaglichem Lächeln aus."[149)]

Der Meister am Katheder

Hegels Kolleg zwischen 12 und 13 Uhr gehört zu den großen Berliner Ereignissen, so wie die Auftritte Ludwig Devrients im Schauspielhaus und die Predigten des in der Dreifaltigkeitskirche fromm, entschlossen und elegant auf das Kanzelpult trommelnden Schleier-

Georg Wilhelm Friedrich Hegel (um 1825); Literaturarchiv Marbach, Arch.-Nr. M 848-0

macher. Für seine Vorlesungen mit seinen zweihundert Hörern verteilt Hegel selbst an durchreisende Besucher Karten aus, die ihnen gute Sicht- und Hörgelegenheiten geben und wo sie sich unter preußischen Beamten, Diplomaten, Offizieren, orientalischen Moslems, katholischen Geistlichen, in der Stadt weilenden Ausländern, Kaufleuten und vielen jungen polnischen Adligen wiederfinden, die das, was sie emsig mitschreiben, ohnehin nicht verstehen können. Sie alle erleben, wie der Meister sich auf das Katheder begibt, eine Prise nimmt und mit einem kleinen Notizenpapier in der Hand zu sprechen anfängt: wobei er die Sätze gern mit „also", seiner Lieb-

---

lingspartikel, beginnt. Der Vortrag ist in der Form anspruchslos, stark vom Dialekt gefärbt. Über die Präsentation seiner Gedanken im Kolleg schwanken jedoch die Urteile. Da wird von schleppender Redeweise gesprochen oder von einem unausstehlichen Vortrag, der einen vorzüglichen Gehalt mit sich führt, aber auch von einer Klarheit, die nie etwas dialektisch verwickelt läßt, auf äußere Effekte verzichtet, weil sie es gar nicht darauf anlegt, den Zuhörern durch besondere Spannung zu imponieren.

Es scheint hier immer die Einstellung zur Hegelschen Lehre mit im Spiele zu sein, ob man sich durch formale Mängel irritiert fühlt oder im Vortrag den gewissenhaften Ernst an der Sache durchscheinen sieht, dem der Redner durch mühsames Suchen nach dem rechten Ausdruck wie Verlegenheit in der flüssigen Rede Rechnung zu tragen hat.

(32) Althaus über Hegels Kolleg

Unannehmlichkeiten stellen sich freilich auch ein: Hegel hat offene und geheime Gegner. Seine Frau musste eine lange Krankheit durchstehen; zu ihrer Sicherheit wollte er sie in die Witwenkasse einkaufen; die Kosten dafür erwiesen sich, ebenso wie für den allgemeinen Lebensunterhalt, höher als erwartet. Vor allem die Ausgaben für die Erziehung der Kinder schlugen schwer zu Buche. Jeden Posten vermerkte der Philosoph akribisch im Haushaltsbuch. Sein Fach, so in einer Eingabe ans Ministerium, sei von der Art, „daß eine gründliche und gewissenhafte Bearbeitung mehr Zeit und eine ganz andere Anstrengung erfordert als die Fächer vieler anderer Professoren und mir daher auch wenig Zeit übrig läßt, durch schriftstellerische Arbeiten meine Einnahmen zu verbessern"[150]. Hegel erhält für zwei Jahre eine „Remuneration" (Zusatzzahlung) von je 300 Talern und ist glücklich wegen dieses Zeichens der Ermunterung; zugleich erinnert er eindrücklich und diskret die „oberste Staatsbehörde" daran, dass eventuelle Besorgnisse vor der Philosophie, „welche durch verkehrte Bestrebungen in derselben leicht veranlaßt werden können, meiner öffentlichen Wirksamkeit als Lehrer nicht nur fremd geblieben sind, sondern daß ich auch nicht ohne Anerkennung und ohne Erfolg an meinem Teile gearbeitet habe, der hier studierenden Jugend zu richtigen Begriffen zu verhelfen und mich des Vertrauens Euer Excellenz und Königlichen Regierung würdig zu machen."[151] Das klingt wie eine Selbstbestätigung, dass er die Rolle, welche die Spitzen und Stützen der preußischen Gesellschaft ihm zudachten, willig zu erfüllen trachtete: nämlich Staatsphilosoph zu sein. Friedrich Nietzsche meinte (allerdings zurückhaltend): „Es sei nicht übertrieben, zu behaupten, daß in der Unterordnung aller Bildungsbestrebungen unter Staatszwecke Preußen das praktisch verwertbare Erbstück der Hegelschen Philosophie sich mit Erfolg angeeignet habe."[152]

Der Diskurs, ob nun Hegel der preußische Staatsphilosoph par excellence gewesen sei, oder ob es sich dabei um ein von Hegel mit verursachtes Missverständnis gehandelt habe, ist bis heute nicht verstummt. Äußerlich gesehen konnten freilich die konservativ-patriotischen Hegelianer im Meister einen Gestalt gewordenen forsch-draufgängerischen Typus nicht erkennen. „Auf einen Stuttgarter Besucher macht er den Eindruck des echten Stiftlers, bei dem man sich die Frage stellen müßte, wie er überhaupt mit dem dunklen, struppigen Haar, der Nachlässigkeit, die er in seiner Kleidung auch in der württembergischen Zeit bereits an den Tag gelegt hatte, ‚den geleckten Berlinern imponieren' könne. Er war einem Griesgram in abgetragenem Schlafrock begegnet, mit gelblichem Gesicht, mit dem Blick eines Kurzsichtigen mit raschen, aber schwerfälligen Bewegungen."[153]

Aber natürlich ging es ums geistige Prinzip: Zielte sein Denken auf eine Apotheose des preußischen Staates? Der Politologe und Historiker Ernst Maste meint: „Was man bei Hegel nicht ohne Grund als Staatsvergötzung bezeichnet hat und noch bezeichnet, findet sich zumeist in den ‚Grundlinien der Philosophie des Rechts'. Dieses Werk aber ist 1821 erschienen, das heißt zwei Jahre nach den berühmt-berüchtigten Karlsbader Beschlüssen und dem Abbruch der preußischen inneren Reform mit dem Ausscheiden von Boyen und Wilhelm von Humboldts. In einem solchen Zeitpunkt kam den herrschenden Mächten das Pathos eines Philosophen, der den Staat als die ‚Wirklichkeit der sittlichen Idee' und somit als unantastbar pries, gewiß wie gerufen, und wenn es zutrifft, daß eben dieser Professor auch oder gerade in jener Zeit alljährlich den Tag des Bastillesturms innerhalb seiner vier Wände als einen Feiertag beging, ist der Verdacht einer der inneren Überzeugung nicht ganz entsprechenden Verbeugung vor den damals amtierenden Obrigkeiten nicht unbedingt von der Hand zu weisen. Begeistert gelobt wurde Hegel 1832, ein Jahr nach seinem Tode, durch den staatsfrommen Konservativen Friedrich von Raumer: ‚Er erkennt das Wirkliche, Gegebene, in seiner Wichtigkeit und Würdigkeit, widerlegt siegreich die nichtige Meinung, welche sich Überzeu-

DAS GELEHRTE BERLIN.
I.

1. W. v. Humboldt
2. Hufeland
3. A. v. Humboldt
7. Hegel
4. C. Ritter
5. Neander
6. Schleiermacher

gung nennt, aber zuletzt ... in die allergemeinste und schnödeste Willkür hineinführt. Die echte Philosophie, sagt er mit Recht, versöhnt mit Staat und Wirklichkeit.' Als man bald darauf gegen die ‚Drachensaat' des ‚Hegelianismus' zu Felde zog und den einstmaligen Hegel-Freund Schelling nach Berlin berief, war der Stoß nicht gegen den staatsphilosophisch-verfassungspolitischen, sondern gegen den religionsphilosophisch-theologischen Sektor des Gesamtwerkes gerichtet ... Das Preußen, das Hegel 1818, wie er in seiner Berliner Antrittsrede sagte, ‚in sich aufgenommen hat', hatte der Süddeutsche bis dahin nicht sonderlich geschätzt; nun lobte er, daß ‚das geistige Leben … ein Grundmoment in der Existenz dieses Staates' darstelle.

Geht man in Hegels Werdegang von der Verfassungsschrift von 1801/02 zeitlich noch etwas weiter zurück, so entdeckt man bei ihm in seinen Berner Jahren, unter dem noch unverblaßten Eindruck der Französischen Revolution, eine ausgesprochen freiheitlich-republikanische Staatsauffassung. Im Blick auf die Antike beklagt er da, daß deren Niedergang auch das Ende ihrer freistaatlichen Ordnungen bedeutet habe: ‚Das Bild des Staates, als ein Produkt seiner Tätigkeit, verschwand aus der Seele des Bürgers … Einer geringen Anzahl von Bürgern war die Regierung der Staatsmaschine anvertraut … Die Freiheit, selbstgegebenen Gesetzen zu gehorchen, selbstgewählten Obrigkeiten im Frieden und Heerführung zu folgen, selbstmitbeschlossene Pläne auszuführen, fiel hinweg; alle politische Freiheit fiel hinweg.'

Julius Schoppe: „Das gelehrte Berlin - I" (v.o. und v.l.: G.W.F. Hegel, J.A.W. Neander, F.E.D. Schleiermacher, K. Ritter, C.W. Hufeland, A. v. Humboldt, W. v. Humboldt); BPK, Arch.-Nr. 20031320 (Kupferstichkabinett)

Das ist offenbar ein anderer Freiheitsbegriff als der der Spätzeit. Und wenn dieser junge Hegel vom Staate als dem ‚Produkt' bürgerlicher Tätigkeit spricht, oder wenigstens einen solchen Staat ersehnt, so widersetzt er sich damit einem An-sich-sein des Staates, der Vorstellung vom Staate als einem eigenständigen Gebilde. Im Kern vorweggenommen ist auf solche Weise die Staatsauffassung, die in unserer gegenwärtigen Staatslehre und Politischen Wissenschaft eindeutig dominiert, obwohl ihr gewisse Züge heutiger Verfassungswirklichkeit widersprechen."[154)]

Die Rektoratszeit

„Im Oktober 1829 war Hegel in Berlin zum Rektor der Universität gewählt worden. Das Vertrauen der Regierung in ihn war so groß, daß man ihm auch das im Zusammenhang der ‚Demagogenverfolgung' geschaffene Amt des staatlichen Bevollmächtigten für die Kontrolle der Universität übertrug. Mit dieser Personalunion verkörperte Hegel eine bemerkenswerte Synthese: Er repräsentierte die Autonomie des universitären Geistes und zugleich ihre Aufhebung. In Hegels Rektoratszeit fällt die französische Julirevolution von 1830, eine Zäsur auch für die geistige und politische Kultur in Deutschland. Während Hegels Rektorat bis Ende 1830 war nur ein einziger Student eingesperrt worden, weil er eine französische Kokarde getragen hatte. Die übrigen Verletzungen der Disziplin gaben zu keinen ernsthaften Befürchtungen Anlaß: Da rauchten zwölf Studenten, wo es nicht gestattet war, drei duellierten sich, fünfzehn wollten sich schlagen, dreißig hatten in

Das Hegel-Denkmal auf dem Hegelplatz in Berlin (1885); BPK Arch.-Nr. 40008140

Kneipen randaliert – alles aber war ohne politische Motive geschehen. So sah es vorerst an der Oberfläche aus, aber die Ereignisse von 1830, die zweite große Revolution jenseits des Rheins, wirkten in die Tiefe. Sie werden zu den von nun an nicht mehr abreißenden Versuchen führen, Hegel vom Kopf auf die Füße zu stellen, sie werden dazu führen, daß eine neue Generation, auch eine neue politische Romantik, das Erbe der Hegelschen Metaphysik in ein zukunftsschwangeres Diesseits investiert."

(33) Safranski über Hegel als universitären Kontrolleur.

Nach dem Ende des Sommersemesters 1831 zog sich Hegel mit den Seinen zur Erholung in den oberen Stock eines Gartenschlösschens am Berliner Kreuzberg zurück. Die übliche Geburtstagsfeier am 27. August konnte freilich nur mit wenigen Freunden begangen werden, da die meisten wegen einer vom Osten kommenden Choleraepidemie die Stadt verlassen hatten. Als er im Spätherbst seine Tätigkeit wieder aufnahm, war die Epidemie zurückgegangen; froh gelaunt berichtete er seiner Frau über den Erfolg seiner ersten beiden Vorlesungstage am 10. und 11. November.

> **Die mitfühlende Schwester**
>
> Christiane Luise Hegel, die Erstgeborene (1773) von sechs Kindern, von denen nur drei heranwuchsen, war ihrem Bruder immer sehr zugetan. Sie blieb unverheiratet. Bis 1799 betreute sie den Haushalt des früh verwitweten Vaters. Eine Zeitlang war sie Gouvernante bei dem Grafen von Berlichingen. Ihr Leben wurde dann überschattet von einer Gemütskrankheit, die um die Zeit ihres 41. Geburtstags ausbrach und später vorübergehend zu ihrer Einweisung in eine Nervenklinik führte. Danach wohnte sie wieder in Stuttgart und gab privaten Unterricht im Französischen; ihr ärztlicher Berater war der Medizinalrat Karl Schelling, der Bruder des Philosophen. In einem Zustand anhaltender Schwermut hat sie 1832 bei Bad Teinach in dem Flüßchen Nagold den Tod gesucht.
>
> (34) Das Schicksal der Christiane Hegel

Völlig unerwartet starb Hegel am 14. November. Seine Frau Marie, die ihren Mann vierundzwanzig Jahre überlebte, berichtet Hegels Schwester Christiane in einem längeren Brief von seinem Hinscheiden: „Ich will mich fassen und Dir kurz erzählen, wie Alles kam. Mein seliger geliebter Mann fühlte vom Sonntag Vormittag an, nachdem er noch ganz heiter mit uns gefrühstückt hatte, sich unwohl, klagte über Magenschmerz und Uebelkigkeit, ohne daß ein Diätfehler oder eine Erkältung vorangegangen war. Er hatte mit voller Kraft und Heiterkeit am Donnerstag vorher seine Vorlesungen begonnen, Sonnabend noch examinirt und für Sonntag Mittag sich einige liebe Freunde gebeten. Diesen ließ ich es sagen und widmete mich ganz seiner Pflege. Der Arzt kam durch ein glückliches Begegnen augenblicklich, verordnete – aber keines von uns fand etwas Bedenkliches in seinem Zustand. Sein Magenschmerz war erträglich. Es kam erst ohne, dann mit Galle Erbrechen. Er hatte schon öfter ähnliche Zufälle gehabt. Die Nacht hindurch brachte er in der größten Unruhe zu. Ich saß an seinem Bett, hüllte ihn mit Betten ein, wenn er im Bett aufsaß und sich umherwarf, obgleich er mich wiederholt auf das Freundlichste bat, ich solle mich niederlegen und ihn mit seiner Ungeduld allein lassen. Sein Magenschmerz war nicht sowohl heftig, ,aber so heillos, wie Zahnweh, man kann dabei nicht ruhig auf einer Stelle liegen bleiben.' – Montag Morgen wollte er aufstehen. Wir brachten ihn in's anstoßende Wohnzimmer, aber seine Schwäche war so groß, daß er auf dem Wege nach dem Sopha fast zusammensank. Ich ließ seine Bettstelle dicht nebenan setzen. Wir hoben ihn in durchwärmte Betten hinein. Er klagte nur über Schwäche. Aller Schmerz, alle Uebelkigkeit war verschwunden, so daß er sagte: ,wollte Gott,

Gustav Bläser (Bildhauer): Die Hegel-Büste auf dem Hegelplatz / Ecke Clara-Zetkin-Straße (heute wieder Dorotheenstraße), Aufn. 1960; BPK Arch.-Nr. 40008139

ich hätte heute Nacht nur eine so ruhige Stunde gehabt.' Er sagte mir, er sei der Ruhe bedürftig, ich sollte keinen Besuch annehmen. Wollte ich seinen Puls fassen, so faßte er liebevoll meine Hand, als wollte er sagen, laß dies eigene Sorgen. – Der Arzt war am frühen Morgen da, verordnete, wie Tags vorher, Senfteig über den Unterleib (Blutegel hatte ich ihm am Abend vorher gesetzt). Vormittag stellte sich Schluchzen ein mit Urinbeschwerden. Aber bei alle dem ruhete er ganz sanft, immer in gleicher Wärme und Schweiß, immer bei vollem Bewusstsein, und, wie mir schien, ohne Besorgniß einer Gefahr. Ein zweiter Arzt, Dr. Horn, wurde herbeigerufen. Senfteig über den ganzen Körper, Flanelltücher, in Cammillenabsud getaucht, darüber.

Dies Alles störte und beunruhigte ihn nicht. Um 3 Uhr stellte sich Brustkrampf ein, darauf wieder ein sanfter Schlaf; aber über das linke Gesicht zog sich eine eisige Kälte. Die Hände wurden blau und kühl. Wir knieten an seinem Bette und lauschten seinem Odem. Es war das Hinüberschlummern eines Verklärten!

Laß mich abbrechen. Nun weißt Du Alles. Weine mit mir, aber danke auch mit mir Gott für dies schmerzensfreie, sanfte, selige Ende. Und nun sage, hättest Du in diesem Allem auch nur ein Symptom der Cholera erkannt?"[155]

Die Cholera war es nicht

Die Diagnose „Cholera sicca" wurde sofort bezweifelt und läßt sich

Hegels Wohn- und Sterbehaus in Berlin; Stadtarchiv Stuttgart

… nicht mehr aufrecht erhalten. Man denkt eher an eine akute Verschlimmerung seines chronischen Magenleidens, das sich auf der Pariser Reise 1827 bemerkbar gemacht hatte. Seitdem war Hegel nie mehr richtig gesund geworden. Im Sommer 1830 lag er ein Vierteljahr, litt häufig an Magenbeschwerden und mußte die Nahrung auf „kräftige Suppen und leichte Fleischspeisen" beschränken. Durch kleine körperliche Anstrengungen ermattete er, Wind und Wetterumschlag setzten ihm in bisher ungekannter Weise zu. Mit der zunehmenden Schwäche stellten sich auch psychische Depressionen ein. Zum Erstaunen seiner Frau war der sonst stets heitere Hegel aus unerklärlichen Gründen verstimmt, unglücklich und ohne Hoffnung, was sich dann ebenso rasch wieder ändern konnte. Man sieht, daß sein Tod nur für Außenstehende unerwartet kam. Hätte die Cholera nicht gerade ihre Schrecken verbreitet, wäre wohl kein Arzt auf die Diagnose „Cholera sicca" verfallen.

(35) Wiedmann über Hegels Tod

Als Hegels Tod in Deutschland bekannt wurde, fühlten sich viele, die den „wissenschaftlichen Meister verehrten und den edlen und kindlichen Menschen liebten" zu „enthusiastischer Einheit" verbunden. Eines der „verehrenden Gedichte", die damals entstanden, zitiert Karl Rosenkranz am Ende seiner Hegel-Biographie; es endet mit den Versen:

„Du aber schlürfe fort in sel'ger
    Klarheit,
ein Geisterfürst, den Kelch der ew'gen
    Wahrheit."[156]

Hegels Grab in Berlin; Literaturarchiv Marbach

IV. HEGEL HEUTE

Hegels Leben und Werk werden auch heute in vielerlei Hinsicht gewürdigt. Stellvertretend dafür der im Nachfolgenden abgedruckte Text von Prof. Dr. Andreas Arndt, dem Vorsitzenden der Internationalen Hegel-Gesellschaft e.V. in Berlin.

„Die Internationale Hegel-Gesellschaft e.v. mit Sitz in Berlin ist die älteste bestehende Gesellschaft, die sich der Hegelschen Philosophie widmet. Sie entstand aus dem seit 1946 in Nürnberg tätigen Hegelianum und wurde 1953 als Deutsche Hegel-Gesellschaft e.V. von Wilhelm Raimund Beyer (1902-1990) in Nürnberg gegründet. Auf dem 2. Internationalen Hegel-Kongreß 1958 in Frankfurt/Main konstituierte sie sich als Internationale Hegel-Gesellschaft. Unter diesem Namen wird sie seit 1983 auch im Vereinsregister geführt.

Die Internationale Hegel-Gesellschaft blickt auf eine wechselvolle Geschichte zurück. In den Zeiten des kalten Krieges hatte sie, da der Marxismus auch Wurzeln im Hegelianismus hat, vielfach eine Brückenfunktion zwischen Ost und West. Diskussionen um die Hegelsche Philosophie waren in dieser Zeit oft auch politisch-ideologisch belastet, was die Schicksale der Gesellschaft stark beeinflußte. So wurde in ausdrücklicher Abgrenzung zur Internationalen Hegel-Gesellschaft 1962 in Heidelberg von Hans-Georg Gadamer eine „Internationale Vereinigung zum Studium der Hegelschen Philosophie" (Internationale Hegel-Vereinigung) ins Leben gerufen. Die Vereinigung besteht weiterhin, jedoch hat es in den letzten Jahren von beiden Seiten Bemühungen gegeben, zu einer sachbezogenen Kooperation überzugehen. So konnte 2003 eine gemeinsame Fachtagung in Rotterdam zum Jenaer Hegel durchgeführt werden. – Aber auch von anderer Seite drohte der Internationalen Hegel-Gesellschaft Gefahr. Um 1980 versuchten Parteimarxisten aus Ost und West, bestimmenden Einfluß auf die Gesellschaft zu gewinnen; nachdem dieser Versuch abgewehrt werden konnte, kam es auch hier zu der Gründung einer Gegengesellschaft. – Heute wird die Arbeit der Gesellschaft nicht mehr durch politisch-ideologische Kontroversen erschwert, sondern vor allem durch das Zurückdrängen des historisch ausgerichteten Philosophierens vor allem an den deutschen Universitäten. Ein schwieriger und nur aus vielfältigen historischen Bezügen heraus zu interpretierender Autor wie Hegel ist immer weniger Gegenstand der Forschung und Lehre. Die Gesellschaft hat sich daher der Herausforderung zu stellen, die Kenntnis der Hegelschen Philosophie und die Auseinandersetzung mit ihr auch außerhalb der Universitäten zu verbreiten. Die Gewinnung der studentischen Jugend und des wissenschaftlichen Nachwuchses ist hierfür entscheidend.

Aufgabe der Gesellschaft ist es, „das geistige Erbe Hegels zu pflegen, die Philosophie Hegels in ihrer geschichtlichen Entwicklung und in ihren vielfältigen Beziehungen zu vorhergehenden und nachfolgenden Theorien kritisch zu erforschen und darzustellen, die aktuelle Bedeutung Hegels und des Hegelschen Denkens herauszuarbeiten sowie insbesondere die mit dem Namen Hegels eng verknüpfte dialektische Methode in all ihren Erscheinungsformen und in ihrer Anwendung wissenschaftlich zu untersuchen und fortzubilden" (§ 1 der Satzung vom 17.2.1983). Vereinszweck ist es, „allen Wissenschaftlern, die sich im Sinne dieser Aufgabenstellung auf Hegel beziehen, ein Forum zu bieten. Der Vereinszweck soll durch Kongresse, Veröffentlichungen, Vorträge, Diskussionen und Berichte sowie durch persönliche Kontakte zwischen den Mitgliedern gefördert werden." (§ 2)

Die Internationale Hegel-Gesellschaft e.V. hat heute weltweit ca. 300 Mitglieder, die in diesem Sinne tätig sind. Hierbei handelt es sich um ausgewiesene Wissenschaftler nicht nur im Bereich der Philosophie, sondern auch anderer Fachrichtungen, aber auch um Privatpersonen, die sich mit der Hegelschen Philosophie beschäftigen, aber nicht an wissenschaftlichen Institutionen tätig sind. Besonderen Wert legt die Internationale Hegel-Gesellschaft auf die Einbeziehung des wissenschaftlichen Nachwuchses; viele Studenten sind Mitglieder der Gesellschaft, besuchen die Kongresse und halten dort auch Sektionsvorträge, mit denen sie sich zumeist erstmals außerhalb des Studiums der wissenschaftlichen Öffentlichkeit präsentieren.

Organe der Gesellschaft sind die Mitgliederversammlung, die alle zwei Jahre im Zusammenhang mit den Hegel-Kongressen tagt, der Internationale Beirat (15 Mitglieder) und der dreiköpfige Vorstand, der aus seiner Mitte einen Vorsitzenden (Präsidenten) bestimmt. Hinzu kommt als beratendes Gremium ein Ältestenrat, dem ehemalige Vorstands- und Beiratsmitglieder angehören.

Die Internationale Hegel-Gesellschaft e.V. veranstaltet alle zwei Jahre einen Internationalen Hegel-Kongress. Die Kongresse sind offen, d.h. Jede(r), die (der) sich beteiligen möchte, kann einen Sektionsvortrag zum Thema des Kongresses anmelden und/oder an den Verhandlungen des Kongresses teilnehmen. Die Mitgliedschaft in der Internationalen Hegel-Gesellschaft e.V. ist hierfür nicht Voraussetzung. Die Kongresse finden an wechselnden Orten statt und werden von einem lokalen Organisationskomitee ausgerichtet, das hierfür von der Mitgliederversammlung autorisiert wird, die über Ort und Thema des Kongresses entscheidet. Der 26. Internationale Hegel-Kongress fand 2006 in Poznan (Polen) zum Thema „Hegels politische Philosophie" statt, der nächste Kongress wird 2008 in Leuwen (Belgien) zum Thema „Geist?" durchgeführt; 2010 ist ein Kongress in Sarajevo (Bosnien-Herzegowina) über „Hegels Theorie der Moderne" vorgesehen. Die Kongreßbeiträge – auch die der studentischen Referentinnen und Referenten – werden im *Hegel-Jahrbuch* publiziert, das der Vorstand der Gesellschaft in Zusammenarbeit mit dem jeweiligen örtlichen Organisationskommitee des Kongresses herausgibt. Das Hegel-Jahrbuch erscheint seit dem Jahrgang 1993/94 im Akademie-Verlag, Berlin.

Seit 1994 erscheint, ebenfalls im Akademie-Verlag, die Reihe *Hegel-Forschungen* mit Monographien, Sammelbänden und Editionen zur Hegelschen Philosophie und ihrer Wirkungsgeschichte. Auch diese Reihe wird vom Vorstand der Internationalen Hegel-Gesellschaft herausgegeben.

Seit einiger Zeit führt die Internationale Hegel-Gesellschaft neben den Kongressen auch kleinere Fachtagungen zu speziellen Themen der Hegelschen Philosophie durch, die in der Regel in Kooperation mit anderen Gesellschaften und Institutionen stattfinden. So fand 2006 in Zusammenarbeit mit der Hegel-Gesellschaft Zadar an der Universität Zadar (Kroatien) eine Tagung zu Hegels Theorie des äußeren Staatsrechts statt. Eine weitere Tagung wurde 2007 in Frankfurt/Main in Verbindung mit dem Akademischen Zentrum Rabanus Maurus des Bistums Limburg zum Thema „Staat und Religion bei Hegel" durchgeführt. Für 2008 ist eine weitere Tagung in Zadar geplant, die sich mit dem Verhältnis von Staat und Kultur bei Hegel beschäftigen wird.

Der Gründer der Internationalen Hegel-Gesellschaft, Wilhelm Raimund Beyer, war bis 1982 Vorsitzender der Gesellschaft und seither, bis zu seinem Tod 1990, Ehrenvorsitzender. 1982 wurden Heinz Kimmerle (Rotterdam), Wolfgang Lefèvre (Berlin) und Rudolf W. Meyer (Zürich) in den Vorstand gewählt und 1988 in ihren Ämtern bestätigt. Nach dem Tod Rudolf W. Meyers wurde auf dem Nürnberger Kongress 1992 zum Thema „Recht und Staat", der dem Andenken Wilhelm Raimund Beyers gewidmet war, ein neuer Vorstand gewählt, dem Andreas Arndt (Berlin), Karol Bal (Wroclaw, Polen) und Henning Ottmann (Basel, seit 1995 München) angehörten. Dieser vorstand wurde 1998 im Amt bestätigt. Seit 2004 besteht der Vorstand aus Andreas Arndt (Berlin),

Paul Cruysberghs (Leuwen, Belgien) und Andrzej Przylebski (Poznan, Polen). Vorsitzender des Vorstandes ist seit 1992 Andreas Arndt.

Die Internationale Hegel-Gesellschaft ist im Internet unter der Adresse www.hegel-gesellschaft.de präsent; auf der Website finden sich Informationen zu Kongressen, Tagungen, Publikationen und zur Geschichte der Gesellschaft."

Kontakt:
Prof. Dr. Andreas Arndt
Prinzessinnenstr. 15 Q
D-12307 Berlin
a.e.arndt@gmx.de

Die „Internationale Hegel-Vereinigung" wurde 1962 gegründet. „Ihre Aufgabe, das Studium der Hegelschen Philosophie zu fördern," so das Philosophische Seminar der Ruprecht-Karls-Universität Heidelberg auf seiner Web-Site, „bedeutet wenigstens zweierlei: zum einen, das philosophische Verständnis von Hegels System und seinen Teiltheoremen zu vertiefen und zum anderen, Hegels philosophischen Ansatz in Beziehung auf andere, teils historische, teils gegenwärtige philosophische Theorien zu erörtern. Diese beiden Aufgaben nimmt die Vereinigung dadurch wahr, daß sie einerseits in regelmäßigen Abständen kleinere Arbeitstagungen zu verschiedenen Themen der Hegelschen Philosophie veranstaltet, andererseits alle sechs Jahre Kongresse mit möglichst umfassender internationaler Beteiligung durchführt.

Der Hegel-Vereinigung gehören als Mitglieder mehr als 250 Philosophinnen und Philosophen aus aller Welt an. Ihr Präsident ist seit März 2007 Professor Dr. Axel Honneth (Frankfurt am Main), die Geschäftsstelle ist am Philosophischen Seminar der Universität Heidelberg. Mitglied der Vereinigung kann jeder werden, der sich mit Hegels Philosophie oder mit in ihr behandelten wichtigen philosophischen Problemen wissenschaftlich beschäftigt und diese Beschäftigung auch durch Publikationen ausgewiesen hat. Ein Antrag auf Mitgliedschaft kann bei der Geschäftsstelle unter Angabe der Publikationen zu Hegel gestellt werden. Über ihn entscheidet der Vorstand der Hegel-Vereinigung. Der Jahresbeitrag beträgt gegenwärtig EUR 15,—. (Die Internationale Hegel-Vereinigung ist als gemeinnütziger Verein eingetragen; Mitgliedsbeiträge können in der Bundesrepublik bei der Steuererklärung geltend gemacht werden.) Die Veröffentlichungen der Internationalen Hegel-Vereinigung sind bis 1980 als Beihefte der Hegel-Studien erschienen; seither werden sie als eigenständige Reihe im Verlag Klett-Cotta, Stuttgart, veröffentlicht."

Kontakt:
Elisabeth Schweizer
Internationale Hegel-Vereinigung
Philosophisches Seminar
Ruprecht-Karls-Universität
Marsiliusplatz 1
D - 69117 Heidelberg
http://www.philosophie.uni-hd.de

In Nürnberg hat die Stadtbibliothek mit zwei Sonderausstellungen an die besondere Bedeutung der Stadt für den Werdegang Hegels erinnert: 1966 mit der Ausstellung 'Hegel in Nürnberg' und 1981 unter dem Motto 'Hegel in Franken'. „Zum 150. Todestag Hegels", so im Vorwort zum Katalog der Ausstellung 'Hegel in Franken', „gedenkt die Stadt Nürnberg des vielfältigen Wirkens des großen Philosophen in ihrer Stadt. Es wurde daher versucht, Hegels berufliche Tätigkeit als Rektor des Egidiengymnasiums in Nürnberg (1808-1816) und als

HEGEL IN NÜRNBERG

AUSSTELLUNGSKATALOG DER STADTBIBLIOTHEK NÜRNBERG 51/1966

Stadtbibliothek

Hegel in Franken

Stadtbibliothek Nürnberg   Ausstellungskatalog Nr. 92/1981

städtischer Lokalschulrat (1813-1816) zu beleuchten, ohne indes sein philosophisches Wirken auszusparen. Die Verbindung beider Tätigkeiten ergibt sich bereits daraus, daß Hegels Wirken als Schulbeamter von seiner Philosophie bestimmt war, so wie Sulpiz Boisseree in seinen Tagebücher über ihn bemerkte: „er immer alles ins abstracto, ins streng wissenschaftliche hineinzog ... „ - Dazu kommt noch, daß Hegel mit der „Wissenschaft der Logik" sein bedeutenstes Werk niedergeschrieben hat, welches 1812-1816 bei Schrag erschien.

Neben diesem Wirken ist Hegel aber auch durch seine Heirat mit Marie von Tucher eng mit Nürnberg verbunden. Aus dem Briefwechsel Hegels mit seiner Schwiegermutter ist zu ersehen, daß Hegel in Berlin häufig an Nürnberg und den Geschehnissen des Gymnasiums interessiert blieb. Dieses Interesse zu erwidern ist Sinn und Zweck der Ausstellung." Der Katalog 'Hegel in Franken' ist in der Ausleihe der Nürnberger Stadtbibliothek käuflich zu erwerben.

Kontakt:
Stadtbibliothek Nürnberg
Frau Dr. Christine Sauer
Egidienplatz 23
90403 Nürnberg
www.stadtbibliothek.nuernberg.de

Das Hegel-Archiv der Ruhr-Universität Bochum widmet sich ebenso der Pflege zeitgenössischer Dokumente zu Leben und Werk Hegels wie das Bildarchiv Preussischer Kulturbesitz (BPK) in Berlin. Im „Marbacher Magazin" Nr. 56/1991 hat die deutsche Schillergesellschaft Marbach am Neckar ein Sonderheft zur Ausstellung der Stadt Stuttgart im Hegel-Haus veröffentlicht, das 2001 in 2. Auflage erschienen ist (ISBN 3-928882-31-7).

Kontakte:

Hegel-Archiv
Prof. Dr. Walter Jaeschke
Ruhr-Universität Bochum
44780 Bochum
Overbergstraße 17
D-44780 Bochum
www.ruhr-uni-bochum.de
E-Mail: hegel-archiv@rub.de

Bildarchiv Preussischer Kulturbesitz
Norbert Ludwig
Märkisches Ufer 16-18
10179 Berlin
www.bpk-images.de
E-Mail: ludwig@bpk-images.de

Deutsche Schillergesellschaft e.V.
Deutsches Literaturarchiv Marbach
Schillerhöhe 8-10
71672 Marbach am Neckar
www.dla-marbach.de

ANHANG

Kurzhinweise bei den Quellen- bzw. Zitat-Belegen beziehen sich jeweils auf die nachfolgend aufgeführten Buchtitel:

Althaus, Horst: Hegel und Die heroischen Jahre der Philosophie. Eine Biographie. München/Wien 1992.

Beyer, Wilhelm Raimund: Hegels Verbindung zum Haus von Tucher. In: Mitteilungen des Vereins für Geschichte der Stadt Nürnberg 55/1967/8.

Döderlein, Johann Ludwig: Portrait im Gegenlicht – G. W. F. Hegel. In: Jahrbuch der Philosophie. Band 10/1984.

Friedell, Egon: Kulturgeschichte der Neuzeit. Dritter Band: Romantik und Liberalismus/ Imperialismus und Impressionismus. München 1931.

Festschrift zur Hegelfeier des Melanchthon-Gymnasiums am 15. Oktober 1966: Georg Wilhelm Friedrich Hegel in Nürnberg. 1808 – 1816. Darin u.a. Karl Lanig: Die pädagogischen Jahre Hegels in Nürnberg. Nürnberg o. J.

Fetscher, Iring: Das Verhältnis des Marxismus zu Hegel. In: Aus Politik und Zeitgeschichte. Beilage zur Wochenzeitung „Das Parlament", 21. Mai 1958 und 28. Mai 1958.

Grote, Ludwig: Die romantische Entdeckung Nürnbergs. München 1967.

Heer, Friedrich: Hegel. Auswahl und Einleitung. Frankfurt a. M./ Hamburg 1955.

Hegel, Georg Wilhelm Friedrich: Sämtliche Werke Bd. XXI: Nürnberger Schriften: Texte, Reden, Berichte und Gutachten zum Nürnberger Gymnasialunterricht 1808 – 1816. Hg. von Johannes Hoffmeister, Leipzig 1938.

Hegel. Briefe von und an Hegel. Band 1: 1785 – 1812. Hg. von Johannes Hoffmeister. Hamburg 1969.

Hegel, Georg Wilhelm Friedrich: Grundlinien der Philosophie des Rechts. Hg. und eingeleitet von Helmut Reichelt. Frankfurt a. M./Berlin/Wien 1972.

Hegel, Georg Wilhelm Friedrich: Werke in 20 Bänden. Hg. von Karl Markus Michel und Eva Moldenhauer. Frankfurt a. M. 1972.

Hegel, Georg Wilhelm Friedrich: Als Rektor des Nürnberger Gymnasiums 1808 – 1816. Ausgewählte Dokumente. Nürnberg 1977.

Hegel, Georg Wilhelm Friedrich: Phänomenologie des Geistes. Hg. von Gerhard Göhler. Frankfurt a. M./Berlin/Wien 1980.

Heine, Heinrich: Werke und Briefe in zehn Bänden. Hg. von Hans Kaufmann. Berlin (Ost) 1961.

Hussel, Kurt: Hegel als Rektor und Lehrer am Gymnasium in Nürnberg. In: Mitteilungen des Vereins für Geschichte der Stadt Nürnberg, Bd. 48/1958.

Kindlers Literatur Lexikon. Band V. Zürich/München 1969.

Ludwig, Ralf: Hegel für Anfänger. Phänomenologie des Geistes. Eine Leseeinführung. München 2006.

Marbacher Magazin. Von Stuttgart nach Berlin. Die Lebensstationen Hegels. Bearbeitet von Friedrich Nicolin. Sonderheft 56/ 1991.

Marx, Karl: Deutsche Ideologie (1846). Im Edgar Hunger u. a. (Hg.): Texte der Philosophie. München 1961.

Metzke, Erwin: Georg Wilhelm Friedrich Hegel. In: Die großen Deutschen. Biographien. Hg. von Hermann Heimpel, Theodor Heuss, Benno Reifenberg. Dritter Band. Frankfurt a. M./Berlin/Wien 1956.

Nietzsche, Friedrich: Werke. Hg. von Karl Schlechta. Frankfurt a. M./Berlin/Wien 1976.

Rosenkranz, Karl: Georg Wilhelm Friedrich Hegels Leben (1844). Nachdruck Darmstadt 1977.

Safranski, Rüdiger: Romantik. Eine deutsche Affäre. München 2007.

Stadtbibliothek Nürnberg (Hg.): Georg Wilhelm Friedrich Hegel in Nürnberg. 1808 – 1816. Mit Beiträgen von Raimund Beyer, Karl Lanig und Karlheinz Goldmann. Nürnberg 1966.

Stadtlexikon Nürnberg. Hg. von Michael Diefenbacher und Rudolf Endres. Nürnberg 1999.

Wiedmann, Franz: Georg Wilhelm Friedrich Hegel, mit Selbstzeugnissen und Bilddokumenten. Reinbek bei Hamburg 2003.

Winkler, Michael: Hegel und die Nürnberger Armenschulen. Manuskript. Hegel-Tage Nürnberg 1981.

Anmerkungen

1) Wolfgang Matz: Mythologie der Vernunft. Zur großen Hegel-Biographie von Horst Althaus. In: Die Zeit, 2. April 1993
2) Nicolai Hartmann: Die Philosophie des

deutschen Idealismus, Teil 2 (1929). Zit. nach Wiedmann, S. 147
3) Hegel: Enzyklopädie der philosophischen Wissenschaften. Zit. nach Udo Tietz: Hegel für Eilige. Berlin 2004., S. 95
4) Heine, Bd. 1, S. 122
5) Johann Wolfgang Goethe: Werke, Auswahl in zwanzig Teilen. Auf Grund der Hempelschen Ausgabe neu hg. von Karl Alt. Erster Teil. Berlin/Stuttgart o.J., S. 429
6) Hegel: Anrede an seine Zuhörer bei Eröffnung seiner Vorlesungen in Berlin, 22.10.1818. Zit. nach Heer, S. 66
7) Rosenkranz, S. 101
8) Friedell, Bd.3, S. 81 ff.
9) Ludwig, S. 5
10) vgl. Manfred Frank: Der kommende Gott. Vorlesungen über die neue Mythologie. Frankfurt a. M. 1982, S. 188 f.
11) Althaus, S. 68 f.
12) zit. nach Althaus, S. 287
13) zit. nach Rosenkranz, S. 302 f.
14) Nietzsche, Bd. II, S. 141
15) zit. nach Wiedmann, S. 146
16) vgl. Döderlein, S. 203
17) Heine, Bd. 5, S. 429, 274
18) Heine, Bd.6, S. 532
19) Heine, zit. nach Döderlein, S. 194
20) Hegel, Philosophie des Rechts, S. 215
21) Hegel, Philosophie des Rechts, S. 11
22) Hegel, Philosophie des Rechts, S. 12
23) Friedell, Bd.3, S. 79
24) Jürgen Kaube: Bald nicht mehr wahr. Die Edition der Schriften Hegels. In: Frankfurter Allgemeine Zeitung, 18. Juni 2003
vgl. ferner Christoph Halbig/ Michael Quante/ Ludwig Siep (Hg.): Hegels Erbe. Frankfurt a. M. 2004
Georg Wilhelm Friedrich Hegel: Philosophie der Kunst. Vorlesung von 1826. Hg. von Annemarie Gethmann-Siefert/ Jeong-Im Kwon/ Karsten Berr. Frankfurt a. M. 2004
25) Johann Peter Eckermann: Gespräche mit Goethe in den letzten Jahren seines Lebens. München 1984, S. 576
26) Ludwig, S. 195
27) Ludwig, S. 196 f.
28) Heer, S. 11
29) zit. nach Arnold Künzli: Hegel haßte die Skepsis. Eine Psychographie zu seinem zweihundersten Geburtstag. In: Deutsche Zeitung/ Christ und Welt, 21. August 1970
30) ebenda

vgl. auch Gerd-Klaus Kaltenbrunner (Hg): Hegel und die Folgen. Freiburg i. Br. 1970
31) vgl. Ludwig, S. 38
ferner Manfred Riedel: Gut leben heißt, die Liebe und das Sterben täglich einzuüben. Unkonventionelle Gedanken zum 150. Todestag Hegels. In: Die Welt, 14. November 1981
32) Metzke, S. 17
33) vgl. Kindler, S. 1874
34) Hegel, Phänomenologie des Geistes, S. 26 f.
35) Friedrich Schiller: Was heißt und zu welchem Ende studiert man Universalgeschichte? In: Sämtliche Werke. Hg. von Gerhard Fricke und Herbert G. Göpfert. Bd. 4. München/Wien 1976, S. 766 f.
36) Metzke, S. 10
37) Hegel, Phänomenologie des Geistes, S. 28
38) ebenda S. 42
39) Ludwig, S. 185
40) Hegel, Phänomenologie des Geistes, S. 446 f.
41) Hegel, Werke in 20 Bde., Bd. 20, S. 462
42) Hans-Christian Huf: Alexander von Humboldt. In ders. (Hg.): Giganten. Große Wegbereiter der Moderne. Berlin 2006, S. 129 ff.
43) Nietzsche, Bd.II, S. 501 f.
44) Fetscher, S. 241
45) zit. nach Döderlein, S. 200
46) zit. nach ders., S. 199
47) Fetscher, S. 244 ff.
(Im Folgenden dort auch die Zitate, soweit nicht anders vermerkt.)
48) Hegel, Phänomenologie des Geistes, S. 117 f.
49) Karl Marx: Das Kapital. Bd. 1. Berlin 1947, S. 185 f.
50) ders.: Manifest der Kommunistischen Partei (1848). In Johannes Hohlfeld: Dokumente der Deutschen Politik und Geschichte von 1848 bis zur Gegenwart. 1. Band. Berlin/München 1951, S. 15 f.
51) Theodor Lessing: Geschichte als Sinngebung des Sinnlosen (1919). München 1983
52) Rosenkranz, S. 247
53) Hegel, Briefe, S. 225
54) ders., S. 167
55) zit. nach Wiedmann, S. 38
56) Hegel, Briefe, S. 119
57) vgl. Wiedmann, S. 32
58) Hegel, Briefe, S. 168 f.

59) Gunther Wenz: Friedrich Immanuel Niethammer (1766 – 1848). Theologe, Philosoph, Schulreformer und Kirchenorganisator. Vorlesung Universität München, Fakultät 2, WS 2006/7
vgl. ferner M. Schwarzmaier: Friedrich Immanuel Niethammer, ein bayerischer Schulreformer (1937), Aalen 1974; G. Lindner: Friedrich Immanuel Niethammer als Christ und Theologe. Seine Entwicklung vom deutschen Idealismus zum konfessionellen Luthertum. Nürnberg 1971
60) Hegel, Briefe, S. 210
61) Althaus, S. 231
62) Gustav Roeder: Pflanzstätte des Geistes. 450 Jahre Evangelisches Stift in Tübingen. In: Nürnberger Zeitung, 24. Mai 1986; ferner Heike Schmoll: Anders als zu Hölderlins Zeiten. Württembergische Theologenschmiede: Das Tübinger Stift. In: Frankfurter Allgemeine Zeitung, 20. Januar 2000; Martin Kazmeier: Gott und die Musen. Das Tübinger Stift. In: ZEIT Magazin, Dezember 1986, S. 26 ff.
63) zit. nach Kazmeier, a.a.O., S. 28
64) zit. nach Roeder, a.a.O.
65) Kazmeier, a.a.O., S. 32
66) zit. nach ders., S. 30 f.
67) Althaus, S. 40 und Hegel, Briefe, S. 12
68) Wiedmann, S. 16
69) ders., S. 20
70) vgl. auch Rosenkranz, S. 32
71) Althaus, S. 40
72) zit. nach Wiedmann, S. 21 f.
73) Rosenkranz, S. 42 f.
74) Althaus, S. 96 f.
75) Hegel, Briefe, S. 59 f.
76) ders., S. 84 f.
77) zit. nach Wiedmann, S. 34
78) Rosenkranz, S. 149
79) ders., S. 160
80) ders., S. 160
81) ders., S. 159
82) ders., S. 218
83) Althaus, S. 180 f.
84) Hegel, Briefe, S. 120
85) ders., S. 124
86) ders., S. 145
87) Rosenkranz, S. 232
88) Hegel, Briefe, S. 296
89) zit. nach Festschrift des Melanchthon-Gymnasiums, S. 30
90) Hegel, Briefe, S. 274 f.
91) ders., S. 275
92) Rosenkranz, S. 249
93) ders., S. 247 f.
94) zit. nach Festschrift des Melanchthon-Gymnasiums, S. 30 f.
95) Rosenkranz, S. 254
96) ders., S. 249
97) zit. nach Festschrift des Melanchthon-Gymnasiums, S. 32
98) Rosenkranz, S. 250
99) Festschrift des Melanchthon-Gymnasiums, S. 41
100) Hegel, Als Rektor des Nürnberger Gymnasiums, Ausgewählte Dokumente, Dokumente 3
101) Rosenkranz, S. 249 f.
102) G. H. Schubert: Der Erwerb aus einem vergangenen und die Erwartungen von einem zukünftigen Leben. Eine Selbstbiographie. Erlangen 1855, II, S. 315
103) zit. nach Festschrift des Melanchthon-Gymnasiums, S. 32 f.
104) ebenda S. 33
105) Winkler, S. 7

106) Hegel, Philosophie des Rechts, S. 207
107) zit. nach Gerhard Pfeiffer (Hg.): Nürnberg – Geschichte einer europäischen Stadt. München 1971, S. 359
108) ebenda S. 360
109) ebenda S. 359
110) ebenda S. 359
111) Hegel, Briefe, S. 288 f.
112) Ursula Pfistermeister: Nürnberg. Zauber einer unvergleichlichen Stadt in Farbbildern und alten Stichen. Nürnberg 1975, S. 138
113) Im Folgenden ebenda S. 19 ff.
114) Grote, S. 7
115) ebenda S. 27
116) Hegel, Briefe, S. 277
117) Rosenkranz, S. 259 f.
118) zit. nach ebenda S. 261 f.
119) vgl. Althaus, S. 114 ff.
120) zit. nach Rosenkranz, S. 78
121) ebenda S. 261
122) zit. nach Beyer, S. 369
123) Hegel, Briefe, S. 310
124) ebenda S. 356
125) ebenda S. 359 ff.
126) ebenda S. 367 f.
127) ebenda S. 59
128) ebenda S. 386
129) ebenda S. 367
130) ebenda S. 374
131) Friedrich Wilhelm Korff: Aber Glück durcheinander. Hegel und die Frauen. In: ZEIT Magazin [Nummer nicht eruierbar], S. 24
132) Rosenkranz, S. 252
133) Althaus, S. 255
134) Rosenkranz, S. 360
135) zit. nach Rebekka Habermas: Frauen und Männer des Bürgertums. Eine Familiengeschichte (1750 – 1850). Göttingen 2002, S. 182; Vgl. auch Ausstellungskatalog des Stadtarchivs Nürnberg: Paul Wolfgang Merkel (1756-1820). Kaufmann, Reformer, Patriot. Nürnberg 2006
136) ebenda, S. 182
137) Ich folge hier einer noch nicht veröffentlichten Studie von Siegfried Kett über die Kulturgeschichte der Elektrizität, unter besonderer Berücksichtigung Nürnberger Wissenschaftler und Techniker.
138) Georg Wilhelm Friedrich Hegel: Enzyklopädie der philosophischen Wissenschaften. 2. Teil. Die Naturphilosophie. Frankfurt a. M., S. 324
139) Kett, a.a.O.
140) zit. nach Marbacher Magazin, S. 79 ff.
141) Wiedmann, S. 49
142) ebenda S. 50
143) ebenda S. 50 f.
144) ebenda S. 50
145) Althaus, S. 260
146) zit. nach Wiedmann, S. 51 f.
147) ebenda S. 59
148) Rosenkranz, S. 320
149) ders., S. 319
150) zit. nach Althaus, S. 330
151) ebenda S. 330
152) Nietzsche, Bd. III, S. 934
153) Althaus, S. 338
154) Ernst Maste: Geschichte und Staat bei Hegel. In: Aus Politik und Zeitgeschichte. Beilage zur Wochenzeitung „Das Parlament", 22. August 1970, S. 9 f.
155) Zit. nach Rosenkranz, S. 422 f.
156) ebenda S. 428

Friedrich Fleischmann: Johann Leonhard Schrag (ca. 1828), Verleger der 'Wissenschaft der Logik'; Stadtbibliothek Nürnberg

**Wissenschaft
der
subjectiven Logik
oder
die Lehre
vom Begriff**

von

Dr. Georg Wilh. Friedr. Hegel,
Professor und Rector am Königl. Bayerischen Gymnasium
zu Nürnberg.

Nürnberg,
bey Johann Leonhard Schrag.
1816.

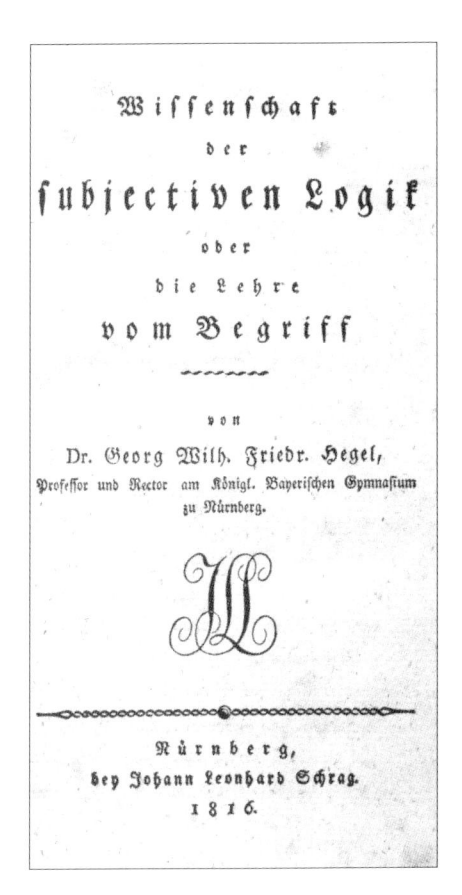

Quellenbelege der „Kästchen"

(1) Hegel, Phänomenologie des Geistes, S. 22
(2) zit. nach Heer, S. 66 ff.
(3) H.G.. mit Zitaten aus: Klaus Podak: Schachzüge des Geistes. Eine Lektion zu Hegels 150. Todestag. In: Süddeutsche Zeitung, 14./15. November 1981
(4) Hegel, Phänomenologie des Geistes, S. 126 f.
(5) H.G.
(6) Dieter S. Lutz: Kann die heutige Demokratie den Gefahren der Zukunft standhalten? In: Aus Politik und Zeitgeschichte. Beilage zur Wochenzeitung „Das Parlament", 11. Juli 1997, S. 9 f.
(7) „Hegel hat gewonnen". Die Philosophen Peter Sloterdijk, Konrad Paul Liessmann und Rüdiger Safranski über die Aktualität Hegels und die Spur des „Weltgeistes" – von der Französischen Revolution und dem totalitären Terror Stalins bis zum Mauerfall und neuem Europa- In: Der Spiegel 14/2007, S. 165 ff.
(8) Wiedmann, S. 127 f.
(9) Bertolt Brecht: Herr Puntila und sein Knecht Matti. In: Gesammelte Werke. Hg. vom Suhrkamp Verlag. Band 4. Frankfurt a. M. 1967, S. 12 f.
(10) Schillers philosophische Schriften und Dichtungen. Berlin o. J., S. 176
(11) Althaus, S. 70 ff.
(12) Althaus, u.a. S. 146 und Wiedmann, S. 51
(13) zit. nach Marbacher Magazin: Eigenhändiger Entwurf. In der Biblioteka Jagiellónska, Krakow
(14) Althaus, S. 41 f.
(15) Rosenkranz, S. 147 f.
(16) Hegel, Briefe, S. 68
(17) Althaus, S. 220 f.
(18) Hegel, Als Rektor des Nürnberger Gymnasiums, Dokument 4
(19) Rosenkranz, S. 255 f.
(20) Hegel als Rektor des Nürnberger Gymnasiums, Dokument 1
(21) Winkler, S. 3
(22) Hegel, Briefe, S. 183
(23) Wilhelm Heinrich Wackenroder: Herzensergießungen eines kunstliebenden Klosterbruders (mit Beiträgen von Ludwig Tieck) (1796). Zit. nach Grote, S. 27
(24) Althaus, S. 116 ff.
(25) Beyer, S. 369
(26) zit. nach Marbacher Magazin, S. 54
(27) Hegel, Philosophie des Rechts, S. 152
(28) Stadtlexikon Nürnberg, S. 690
(29) G. Seiderer: Aufgeklärter Bürger in einer Zeit des Umbruchs - Paul Wolfgang Merkel (1756-1820); in: Stadtarchiv Nürnberg (Hrsg.): Paul Wolfgang Merkel 1756-1820 - Kaufmann. Reformer. Patriot. (Ausstellungskatalog), Nürnberg 2006, S. 12 f.
(30) Stadtlexikon Nürnberg, S.354 f.
(31) Wilhelm Raimund Beyer: Anhänglichkeit an Nürnberg. In: Stadtbibliothek, S. 9 f.
(32) Althaus über Hegels Kolleg, S. 339 f.
(33) Safranski über Hegel als universitären Kontrolleur, S. 240
(34) Marbacher Magazin, S. 4
(35) Wiedmann, S. 117

Prof. Dr. Horst Brunner
Dr. Johann Schrenk
„Wolfram von Eschenbach"
Reihe *„Auf den Spuren der Dichter und Denker durch Franken"*, Bd.2, 80 Seiten, Broschur mit 50 Farb-Fotos
Originalausgabe 2004
9,50 Euro (D)
ISBN (10) 3-924270-39-2
ISBN (13) 978-3-924270-39-1

„Mit seinem Buch, das den schlichten Titel 'Wolfram von Eschenbach' trägt, wandelt der 1940 in Braunschweig geborene und in Gunzenhausen und Nürnberg aufgewachsene Germanist (Horst Brunner) 'Auf den Spuren der Dichter und Denker durch Franken'. (...) Ein üppig illustriertes, lesenswertes Büchlein." (***Donau-Kurier***)

Prof. Dr. Dietz-Rüdiger Moser hat in seiner Zeitschrift 'Literatur in Bayern' unsere neue Reihe einer kritischen Würdigung unterzogen: „Monographien über die Minnesänger zu verfassen – selbst über die berühmtesten, deren beste Werke – wie etwa Wolframs Tagelieder – zur Weltliteratur zählen, ist eine verzweifelt schwierige Aufgabe. Denn man weiß, genau genommen, über diese so berühmten Autoren einer weit zurückliegenden Zeit so gut wie nichts mehr. Es fehlt an archivalischen Belegen, Urkunden und Hinterlassenschaften jeder Art, die wenigen überlieferten Textzeugnisse und einige späte, überwiegend idealisierte (und jedenfalls kaum authentische) Bildnisse, vor allem in der Manessischen Handschrift (Hs. C, der Heidelberger) ausgenommen. Doch gibt es immer wieder Versuche, das scheinbar Unmögliche doch möglich zu machen und trotz der schlechten Quellenlage kleine, aber feine Monographien zu veröffentlichen. Dies hat jetzt der Schrenk-Verlag, Gunzenhausen, mit zwei ansprechend gestalteten Publikationen unternommen. (...) Mit 'Tannhäusers Heimat' und den fränkischen 'Literaturorten' hat sich, getrieben von einem sowohl literaturgeschichtlichen als auch geographischen Interesse, der promovierte Verleger Johann Schrenk selber auseinandergesetzt. Er war gut beraten, sich für die mittelalterlich-philologischen Teile der Sachkenntnis des Würzburger Ordinarius für Deutsche Philologie, Horst Brunner, zu bedienen, eines der besten Kenner auf dem Gebiet des Meistergesanges und der 'Alten Meister', zu denen mindestens die Nürnberger Meistersinger der späteren Zeit auch den großen Wolfram zu rechnen pflegten. Brunner macht deutlich, daß man über Wolfram praktisch nichts weiß, doch es gelingt ihm ebensogut wie dem von ihm zu Recht gerühmten Verantwortlichen für das Wolfram-Museum in Wolframs-Eschenbach, Karl Bertau (und Mitarbeitern), aus diesem Nichts sehr Ansehnliches zu schaffen. Einzige Quelle bleibt das Werk selbst, dem man mit äußerster Vorsicht Elemente des Biographischen entnehmen kann. Beide Publikationen sind dafür zu loben, daß sie den Quellen- und Forschungsstand insgesamt zuverlässig referieren." (***Literatur in Bayern***)

„Auf einzigartige Weise wird in diesem reich illustrierten Bändchen eine sehr zuverlässige Einführung in das Leben und Werk Wolframs von Eschenbach mit einem informativen Reiseführer verbunden. Nach einer kurzen generellen Einführung in die Situation der deutschen Literatur um 1200 trägt der Verfasser die aus Wolframs Werk und aus der frühen Wolframrezeption erschließbaren Daten zu Wolframs Leben, zu seiner Bildung und seinen Gönnern zusammen. Anschließend stellt er anschaulich die Werke Wolframs vor. (...) Der zweite Teil des Bändchens ist dem Wolfram-Museum in Eschenbach sowie verschiedenen Wolfram-Stätten in Franken gewidmet. (...) Die Erklärung zur literaturgeschichtlichen und touristischen Bedeutung dieser Stätten wird jeweils ergänzt durch Hinweise auf Öffnungszeiten und Literaturangaben." (***Bibliographical Bulletin of the International Arthurian Society***)

Hermann Glaser
Rainer Lindenmann
Max Ackermann
Die
Feuerbachs

Eine deutsche Familie im 19. Jahrhundert

Schrenk - Verlag

Prof. Dr. Hermann Glaser, Rainer Lindenmann, Dr. Max Ackermann
„**Die Feuerbachs - eine deutsche Familie im 19. Jahrhundert**"
Eine Coproduktion mit dem Bayer. Rundfunk BR2Radio - Studio Franken; Buch mit Audio-CD (70 Min.) 144 S., m. zahlr. Illustr.
Originalausgabe 2006; 17,50 Euro (D)
ISBN (10) 3-924270-46-5
ISBN (13) 978-3-924270-46-9

Das Buch, so Peter Schmitt in seiner Rezension, vermittele „ein klares Bild dieser bildungs-bürgerlichen Dynastie. (...) Dem Buch liegt ein vom Bayerischen Rundfunk produziertes Hörbild bei, das die Gedanken und Einschätzungen der Mütter, Ehefrauen und Geliebten der Feuerbachs über den familiären Hintergründe hörbar macht." (***Süddeutsche Zeitung***)

„Eine 'tolle Familie', mehr noch, eine ganze Dynastie aus Franken: Die Feuerbachs. Ein neuer Sammelband aus dem Gunzenhausener Verlagshaus Schrenk beschäftigt sich mit der Blütezeit des Wissenschaftler- und Künstler-Clans im 19. Jahrhundert, der reich an Genies, aber auch an Sonderlingen war." (Bernd Zachow, ***Nürnberger Nachrichten***)

„Bleibt man (...) beim roten Faden, dann wird hier nicht nur die Biografie einer mit geistigen und künstlerischen Gaben gesegneten Familie, sondern ein geistes- und kulturgeschichtliches Portrait des 19. Jahrhunderts mit seinen durch Aufklärung und Revolutionen geprägten Umwälzungen geliefert, übrigens nicht zuletzt auch ein Sittengmälde dieser Zeit. (...) Besonders hervorzuheben ist in diesem nicht zu unterschätzenden Bändchen der Aspekt 'die Feuerbachs und die Frauen'. Wahrlich, sie hatten es nicht leicht, diese Damen mit ihren großen Männern, ihren Vätern, Söhnen und Liebhabern. Gerade diese Themen werden in der (...) CD in gelungenen und facettenreichen Hörbildern eindringlich dargestellt, übrigens unter Beteiligung von Mitgliedern des Nürnberger Staatstheaters." (Joachim Goetz, ***Aufklärung und Kritik*** 1/2007).

Dr. Stefan Keppler,
Dr. Johann Schrenk
Prof. Dr. Wolfgang Schirmer
Dr. Otto Wittmann
„**Goethes Franken**"
Reihe „*Auf den Spuren der Dichter und Denker durch Franken*", Bd.3, 128 Seiten m.zahlr. Fotos,
Originalausgabe 2005, 12,50 Euro (D)
ISBN (10) 3-3924270-41-4
ISBN (13) 978-3-924270-41-4

„Johann Schrenks sehr empfehlenswerter Band 'Goethes Franken'" ist, so Prof. Dr. habil. Bernhard Meier, Präsident der Erich-Kästner-Gesellschaft in Nürnberg, in einer Leserzuschrift, „seit Georg Hetzeleins volkstümlich konzipiertem 'Goethe reist durch Franken' von 1968 ein Desiderat! Schrenk vermag vorzüglich aufzuzeigen, wie sich fränkische Landschaft in Literatur 'eingräbt'." (***Nürnberger Nachrichten***).

Was Goethe, so Walther Hauth in dem Dinkelsbühler Magazin für Kunst, Kultur und Meinung *Funkfeuer*, „an Franken und

**Stefan Keppler
Johann Schrenk**
Wolfgang Schirmer
Otto Wittmann

Goethes Franken

Auf den Spuren der Dichter
und Denker durch Franken

Schrenk-Verlag

„Verleger und Goethe-Gesellschaftsvorsitzende Dr. Johann Schrenk hat bereits einige ausgezeichnete literarische Führer durch Franken vorgelegt; nun hat er sich vom Mittelalter in die Goethe-Zeit begeben. So erhalten wir nicht nur einen liebevoll gestalteten Reiseführer. (...) Die vier Beiträge des Sammelbandes schließen Goethes gewaltig breit gespannte Arbeitsgebiete auf, indem sie 'Franken' als kulturellen, künstlerischen und geologischen Begriff in den Blick nehmen. (...) Das reich ausgestattete Buch zeichnet somit nicht nur, auch mit Hilfe eines praktischen Anhangs, die Bildungsreisen Goethes nach, sondern umreißt die grundsätzliche Bedeutung, die die Kunst der Spätgotik und der Frührenaissance, auch die Granite des Fichtelgebirges für das ganzheitliche Denken Goethes bedeuten." (***Nordbayerischer Kurier***)

„Selbstbewusst und kompetent widersetzen sich kleinere Verlage den zunehmend vom Bestseller-Wahn bestimmten Buchfabriken. Auch in Franken haben wir erfreulicherweise manche solcher soliden 'Text-Werkstätten'. Etwa den Schrenk-Verlag in Gunzenhausen mit seinem Leiter Johann Schrenk, der zugleich Autor, Layouter und zuständig für die vielen Illustrationen ist, wie sie etwa die Reihe 'Auf den Spuren der Dichter und Denker durch Franken' auszeichnen. In ihr ist nun ein besonders wichtiger Band erschienen, wobei der Kulturtourist genauso auf seine Kosten kommt wie alle literarisch Interessierten: nämlich 'Goethes Franken'. (...) Dem Berliner Germanisten Stefan Keppler ist das eröffnende hervorragende Kapitel 'Topographie des Altdeutschen' zu danken, das u.a. die Selbst- und Fremdbilder des Alt- und Neufränkischen, die Dürer-Rezeption, Götz und die Moderne, Hans Sachs sowie eben Grübel und Knebel behandelt. (...) Zum Wohle aller Goethe-Freunde ist diese Goethe-Publikation bestens geeignet." (***Nürnberger Nachrichten***)

in Franken interessierte, macht nur einen ganz kleinen Teil doch eigentlich privater Interessen aus, ist aber schon erstaunlich umfangreich. Band 3 der im Schrenk-Verlag erscheinenden, hochinteressanten Reihe 'Auf den Spuren der Dichter und Denker durch Franken' zeichnet davon ein facettenreiches Bild. (...)
Hierzu wurden umfangreiche Quellenstudien betrieben und eine reiche Literatur gesichtet. Insofern offenbart das Buch einen ausgesprochen wissenschaftlichen Charakter. Für den, der sich nicht so weit in die Materie vertiefen will, ergeben die Darstellung der einzelnen von Goethe besuchten und für interessant befundenen Orte und die reiche Bebilderung ein anschauliches Bild. (...) Reizvoller als mit den sieben Kapiteln dieses Buches kann der Start ins Kennenlernen der ganzen Frankenreihe, die Kulturgeschichte und Tourismus verbinden will, nicht sein." (***Funkfeuer, Dinkelsbühl***)

„Auch Goethe war in Bayreuth", so Frank Piontek in seiner Rezension, und „natürlich findet sich auch diese Information in einem sehr gelungenen Band, in dem es um 'Goethes Franken' geht. (...) Der Gunzenhausener

„Das Buch geht ausführlich auf seine Arbeit als Geologe und Naturforscher ein, die Goethe vor Ort im Fichtelgebirge und in Hof zum Beispiel machte, was Zeichnungen und Objekte in zahlreichen Abbildungen belegen. Darüberhinaus geben Tagebucheinträge und Auszüge aus persönlichen Briefen Auskunft darüber, was Goethe während seinen Reisen nach und in Franken alles erlebt hat, wen er traf - ja sogar, wie sich die Land- und Ortschaften seit seinem letzten Aufenthalt verändert hatten." (Kerstin Starke, *Nordbayerischer Kurier*)

Prof. Dr. Hermann Glaser
Dr. Johann Schrenk
„Jean Paul"
Reihe *„Auf den Spuren der Dichter und Denker durch Franken"*, Bd.4 112 S. mit 48 Graphiken, 78 Farbfotos und 2 Plänen
Originalausgabe 2006
ISBN (13) 978-3-924270-44-5
ISBN (10) 3-924270-44-9; 11,50 Euro (D)

„Ein 'verzögertes Duett' ist es, wie Hermann Glaser es eloquent nennt, was die beiden Autoren ihren Zuhörern darbringen; ein Zusammenspiel aus Lesung und Erläuterung aus Bewunderung und Zuneigung für einen der großen 'Dichter und Denker'." (***Nordbayerischer Kurier***)

„Auf den Spuren der Dichter und Denker durch Franken" verfolgt der Schrenk-Verlag, Gunzenhausen, im jetzt erschienenen 5. Band der Reihe die Spuren Jean Pauls, nach denen des Minnesängers Tannhäuser, Wolframs von Eschenbach, Goethes (vgl. unsere Besprechung in Funkfeuer Nr. 62) und der Feuerbachs (vgl. Funkfeuer 63). In schon in den vorausgegangenen Veröffentlichungen bewährter Zweiteilung der Darstellung übernimmt dieses Mal Hermann Glaser, der frühere Schul- und Kulturdezernent der Stadt Nürnberg, die literarische Würdigung und die Aufgabe, „diesen so vielschichtigen und tiefgründigen, in seiner Sprache so metaphorisch überschäumenden und in seinen Einfällen gleichermaßen phantasiereichen wie skurrilen Autor einer großen Leserschaft nahe zu bringen." Notwendig macht dieses Bemühen die Vernachlässigung des Dichters (1763 - 1825) schon im späten 19. Jahrhundert, nicht in der wissenschaftlichen Rezeption, wie es allein schon die dem Band beigegebene Auswahl-Bibliographie ahnen läßt, aber beim Lesepublikum. Schon damals mußte der Herausgeber einer umfangreichen Werkausgabe einräumen: „Sprühend, glänzend, unerschöpflich war sein Geist, tief sein Gemüth, groß seine Hingabe an das Naturleben und die Poesie stiller Lebensweise – und nur eine oft grillenhafte und ungenießbare Form, in welche er seine Gedanken und Schilderungen kleidete, der allzu große Reichtum an Bildern, die oft zu weit hergeholt scheinen, hinderten schon früher den vollen Genuß und die allgemeine Verbreitung seiner geistvollen Schöpfungen. Die hauptsächlichen 'Stolpersteine' bei der Lektüre Jean Pauls listet Glaser überzeugend auf, stellt aber auch Charakteristika des Werkes heraus, die zu einem näheren Kennenlernen anreizen. Vielleicht geschieht dies am besten in Textauszügen, wie sie beispielsweise als farbig abgehobene „Blöcke" in Glasers Darstellung eingestreut sind. Glaser trägt auch eine Beschreibung der wichtigsten Stationen in Jean Pauls Leben bei, während Schrenk, der Verleger, wie schon in der Mehrzahl der früheren Bände der Reihe, mit illustrativen kulturgeschichtlichen Beiträgen, vor allem aber auch mit einer Menge eigener Fotos die weiteren Spuren in Franken, soweit sie manifestierbar sind, verfolgt. Jean Paul auf all seinen Reisen und Wanderungen durch Franken zu begleiten, wäre zwar reizvoll, aber nur durch ausufernde Zitate denkbar und würde den Rahmen des gelungenen literarischen Reiseführers sprengen. Er kann verdienstvoll dazu beitragen, daß Jean Paul nicht, wie schon Ende des 19. Jahrhunderts befürchtet, 'nahe daran [ist], sich in Makulatur zu verwandeln.'" (***Funkfeuer***)

„Einen Landstrich abseits der gängigen Reiseberichterstattung vorstellen und dem Leser dennoch nicht die üblichen Sehenswürdigkeiten vorzuenthalten: Das ist der Anspruch der im Schrenk-Verlag herausgegebenen Reihe 'Auf den Spuren der Dichter und Denker durch Franken'. Im nun veröffentlichten Band 4 begleiten Professor Hermann Glaser und Dr. Johann Schrenk den Franken-Schriftsteller Jean Paul und gehen dabei ganz beiläufig auf dessen Werk ein. (...) Glaser und Schrenk gehen in ihrem Werk gezielt vor, zeichnen ein akribisch ausgestaltetes Bild von Pauls Charakter und seiner Leidenschaft für das Fränkische. Für Literaturfreunde ist das Buch insofern ein Schmankerl." (***Main-Post***)

„Hermann Glaser, einstiger Kulturpolitiker und Pädagoge aus Leidenschaft, legt in seinem einführenden Essay größten Wert auf die Darstellung der geisteswissenschaftlichen Wirkung Jean Pauls, des Moralisten und Bewunderers der bürgerlichen Revolution in Frankreich. (...) Der Beitrag von Johann Schrenk will den Leser verführen, einige der oberfränkischen Orte des Lebens und Wirkens von Jean Paul aufzusuchen. Vorgestellt werden Museen und Gedenkstätten in Wunsiedel, Joditz, Hof, Coburg und Bayreuth." (***Nürnberger Nachrichten***)

„'Wer den Dichter will verstehen, muß in Dichters Lande gehen.' Manchmal ist es hilfreich, ja geradezu notwenig: die Gehirnwindungen eines Schriftstellers zu erkunden, indem man sich dorthin begibt, wo er aufwuchs, lebte und starb. Ein besonders schwieriger Fall blieb – selbst, ja vielleicht gerade in Bayreuth – der Dichter Jean Paul. Hier hilft es, die irdische Existenz des Mannes zu erkunden, der zwar auch in Weimar und Berlin lebte, aber die längste Zeit seines Lebens in der engeren und weiteren Umgebung seines Geburtsstädtchens Wunsiedel verbrachte. In der exzellenten Reihe der literarischen Führer —„Auf den Spuren der Dichter und Denker durch Franken" —, die wir dem Engagement des Gunzenhauser Buchhändlers, Verlegers und Goethevereinsvorsitzenden Johann Schrenk verdanken, ist nun ein Band über Jean Paul erschienen. Zweierlei Wegweisung erhält da der Wanderer: durch die Gebirge der Bücher wie durch die Landschaft der Kindheit, der Jugend und des Mannesalters. Schrenk hat einen Mitstreiter gewonnen, dessen Name in Franken einen guten Klang hat. Hermann Glaser, einst ein ungemein rühriger, intelligenter Nürnberger Kulturdezernent, führt den Leser in die jeanpaulsche Bücherwelt ein, durch die üppige Schale hindurch, hinein in den bittersüßen Kern, der so schwer zu knacken ist. So wurde die literaturgeographische Wegweisung zu einem „Orbis pictus", dessen gemalte, also wie üblich reich und sinnlich anschaulich bebilderte Weltschau sowohl das literarische Werk wie die Gegend zumindest ansatzweise aufschließt: die Geburtsstadt Wunsiedel, das Kindheitsidyll Joditz, die Stadt Hof mit seinem Jean-Paul-Gymnasium – und natürlich Bayreuth, wo Jean Paul bekanntlich sehr viel Bier trank, die Rollwenzelei besuchte, einige schöne Erzählungen und den letzten, Fragment gebliebenen Roman schrieb. Dessen Anti-Held heißt Nikolaus Marggraf, und in der Markgrafen-Buchhandlung wird das schöne, längst überfällige Buch am 7.2. vorgestellt. Hermann Glaser und Johann Schrenk werden dann in einem lockeren Gespräch in eine Welt einführen, die immer noch vielen Lesern ein Rätsel ist. Zwischen den 'Renn- und Wanderjahren' des Dichters und seinen abgründigen Ansichten von der Natur, zumal des Menschen, zwischen dem Grab auf dem Bayreuther Stadtfriedhof und den sonderbaren Idyllen entstanden Werke und Wege, die die beiden Autoren mit Liebe und Kenntnis umrissen haben, indem sie die 'Örtlichkeiten' der Welt des unvergleichlichen Dichters aufsuchten. Gewiß geht Jean Paul nicht in seiner lokalen Herkunft auf, aber mit dem Christus der Joditzer Kirche vor Augen, dem Schloß Fantaisie im Rücken oder dem Wanderweg unter den Füßen begreift der Leser die himmelsstürmerischen Eigenheiten dieses Poeten so gut, dass ihm von jetzt an manch Ab- und Umwege der jeanpaulschen Poetik keine hinterfränkischen Dörfer mehr sein sollten." (***Nordbayerischer Kurier***)

Bernd Noack
„Mit Licht und Schatten gepflastert - elf literarische Erkundungen durch Fürth"
Reihe „*Auf den Spuren der Dichter und Denker durch Franken*", Bd.5 128 S. mit zahlr. Fotos und Illustrationen
Originalausgabe 2007
ISBN (13) 978-3-924270-49-0
ISBN (10) 3-924270-49-X, 12,50 Euro (D)

„Ein bisschen etwas von jenem Wassermann'schen tragischen Idealismus haben merkwürdigerweise alle zehn weiteren Literaten und Literaturvermittller aus Fürth, die der Journalist Bernd Noack in seinem reich illustrierten Buch vorstellt. (...) Unbedingt sinnvoll sind die Hinweise auf den sympathischen Pessimisten Eugen Gürster und auf den Dichter und Sprachenforscher Elie Halévy, der an der Wende vom 18. zum 19. Jahrhundert unerschütterlich an die Ideale der Französischen Revolution glaubte." (Bernd Zachow, *Nürnberger Nachrichten*)

„Bezüge zum Judentum tauchen immer wieder auf in Bernd Noacks sorgsam recherchiertem Bändchen 'Mit Licht und Schatten gepflastert – Elf literarische Erkundungen in Fürth". (...) Die meisten Fürther Literatinnen und Literaten, die Noack porträtiert, sind dem Vergessen anheim gefallen. (...) Seine elf literarischen Erkundungen sind Fundgruben gerade für Geschichtsfreunde; zum Tausend-Jahr-Jubiläum sind sie ein wichtiger Mosaikstein. Die Essays scheinen zwar mit leichter Hand geschrieben, haben aber penible Vorarbeit erfordert – das Ergebnis ist ein liebevoll gestaltetes, gelegentlich mit mokanten Bemerkungen gespicktes, durchaus erkenntnisreiches Buch." (*Nürnberger Zeitung*)

„Er (Bernd Noack, d. Verf.) tritt nicht als staubtrockener Literaturwissenschaftler auf, sondern – im guten Sinne – als sensibler Feuilletonist. Er gestaltet seine Figuren anschaulich und ungeschwätzig und belegt seine Spurensuche plausibel." (***Der Plärrer***)

„(...) beweist Autor Bernd Noack, dass auch die Dichter ihre Spuren hinterlassen haben in Fürth – wenn auch bisweilen arg verwischte. (...) Noack zeichnet den nomadenartigen Weg der jüdischen Familie Wassermann quer durch die Industriestadt nach. Immer auf der Suche nach der 'heimlichen Poesie der alten fränkischen Häuser' befand sich der junge Romancier, und man darf sicher sein, dass er diese in den eigenen Wänden niemals vorfand. (...) Noack freilich fahndet auch nach den literarischen Schattengewächsen aus Fürth." (Olaf Przybilla, ***Süddeutsche Zeitung***)

Prof. Dr. Horst Brunner
Dr. Johann Schrenk
„Walther von der Vogelweide - Höfische Lieddichtung des Mittelalters in und aus Franken"; Reihe *„Auf den Spuren der Dichter und Denker durch Franken"*, Bd.6
112 S. m. 80 Farbabbildungen und Fotos;
2007 ISBN (13) 978-3-924270-51-3
ISBN (10) 3-924270-51-1
12,50 Euro (D)

„(...) Einen ebenso ausgewogenen Überblick verschafft ein neues Werk aus der Feder Brunners. Der in Gunzenhausen und Nürnberg aufgewachsene Mediävist begibt sich auf die Spuren der höfischen Lieddichter in und aus Franken. (...) Weitere Kapitel dieser feinen Zusammenschau fränkisch-mittelalterlicher Verskunst widmen sich (neben Walther von der Vogelweide, d. Verf.) natürlich Wolfram von Eschenbach (sowie) Konrad von Würzburg." (***Süddeutsche Zeitung***)

„In der einzigartigen Reihe 'Auf den Spuren der Dichter und Denker durch Franken' erschien nun ein Band, der in idealer Weise die Bedürfnisse des Literaturfreundes wie des Touristen verbindet. (...) Horst Brunner charakterisiert auch jene Dichter, die im 'Tannhäuser' auf den Sänger treffen: neben Walther sind es Wolfram von Eschenbach und Reinmar von Zweter, die im Fränkischen zugange waren. Daneben treten auch der Tannhäuser selbst, Konrad von Würzburg,

143

**Horst Brunner
Johann Schrenk**

Walther von der Vogelweide

Höfische Lieddichtung des Mittelalters in und aus Franken

Auf den Spuren der Dichter und Denker durch Franken

Schrenk - Verlag

der Bamberger Hugo von Trimberg und etliche andere auf. Bessere Zusammenfassungen des Werks und der meist sparsamen Lebensdaten, die für ein nicht vorgebildetes, doch ernsthaft interessiertes Publikum geschrieben wurden, wird man kaum finden. (...) Eine außerordentlich schöne und kundige, aufs Lesen wie aufs Reisen Lust machende Lokalliteraturgeschichte, die zugleich das Große der Literatur souverän in den Blick nimmt. Nennen wir sie einfach 'meisterhaft'." (***Nordbayerischer Kurier***)

„Literarische Streifzüge durch Franken sind zu einem Markenzeichen des Gunzenhausener Schrenk-Verlags geworden. (...) Horst Brunner und Johann Schrenk beleuchten (...) in der bewährten Manier der Reihe das literarische Schaffen in Franken, hier die höfische Lieddichtung, und begeben sich im zweiten Teil des handlichen Büchleins auf Spurensuche. (...) ein lesenswerter Band zur Literaturgeschichte Frankens, der auch als Appetitanreger zu verstehen ist, selbst sein eigenes Umfeld aus diesem ungewöhnlichen Blickwinkel zu entdecken." (***Main-Post***)

PERSONENVERZEICHNIS

Personenregister (der Kapitel I – III);
ohne Georg Wilhelm Friedrich Hegel, der fast auf jeder Seite erwähnt wird.

Althaus, Horst (geb. 1925) 45, 47, 52, 66, 92, 94, 118
Anaxagoras (um 500 - 428 v. Chr.) 23
Augusti, Johann Christian Wilhelm (1772 - 1841) 61
Axthelm, Ernst von (gest. 1838) 85
Beer, Amalie 112
Beer, Heinrich 112
Beer, Meyer (Jakob Liebmann Meyer Beer, dann Giacomo Meyerbeer) (1791 - 1864) 112
Beer, Michael (1800 - 1833) 112
Beer, Wilhelm (1797 - 1850) 112
Berlichingen, Grafen Götz v. (1480 - 1562) 123
Beyer, Wilhelm Raimund (1902 - 1990) 95, 117
Bläser, Gustav (1813 - 1874) 124
Blarer, Ambrosius (1492 - 1564) 49
Bloch, Ernst (1885 - 1977) 6, 27
Bollinger, Friedrich Wilhelm (1777 - 1825) 58
Boyen, Hermann von (1771 - 1848) 119
Brecht, Bertolt (1898 - 1956) 36
Burkhardt, Christiane Charlotte 62
Carus, Carl Gustav (1789 - 1869) 72
Cornelius, Peter von (1783 - 1867) 110
Correns, Erich (1821 - 1877) 32
Cousin, Viktor (1792 - 1867) 8, 117
Crelinger, Auguste (1795 - 1862) 111
Dante, Alighieri (1265 - 1321) 112
Daub, Karl (1765 - 1836) 114
de Wette, Wilhelm Martin Leberecht (1780 - 1849) 113
Devrient, Ludwig (1784 - 1832) 117
Dutschke, Rudi (1940 - 1979) 29

d'Yrkull, Baron Boris 8
Endel, Nanette (1774 - 1841) 91 f.
Fetscher, Iring (geb. 1922) 30
Feuerbach, Ludwig (1804 - 1872) 32 f.
Fichte, Johann Gottlieb (1762 - 1814) 7, 14, 39, 43 ff., 56, 59, 63, 113
Fischer, Ludwig (unehelicher Sohn Hegels) (1807 - 1831) 63, 104
Forberg, Karl (1770 - 1848) 44
Franz II., Joseph Karl (1768 - 1835) 81
Freud, Sigmund (1856 - 1939) 18
Friedell, Egon (1878 - 1938) 5, 13, 16
Friedrich Wilhelm III. (1770 - 1840) 11
Gabler, Georg Andreas (1786 - 1853) 62
Gluck, Christoph Willibald Ritter von (1714 - 1787) 110 f.
Goebhardt, Joseph Anton (gest. 1813) 42 f.
Goethe, Johann Wolfgang (1749 - 1832) 2, 13 f., 20 f., 26, 31, 43, 57, 59, 87, 94, 107 f.
Gogel, Johann Noe 57
Gontard, Jakob Friedrich (1764 - 1843) 57
Gontard, Susette (1769 - 1802) 57
Gropp, Rugard Otto (1907 - 1976) 27
Grundherr, Anna Katharina Maria (1774 - 1857) 94
Grundherr von Altenthann und Weihershaus, Friedrich Karl Alexander (1777 - 1867) 94
Haber, Kurt 28
Habermas, Rebekka (geb. 1959) 105
Hahn, Philipp Matthäus (1739 - 1790) 49
Hanfstaengl, Franz von (1804 - 1877) 42
Harich, Wolfgang (1923 - 1995) 27 f.
Hartmann, Nicolai (1882 - 1950) 2, 6, 23
Hauff, Wilhelm (1802 - 1827) 48, 51
Haym, Rudolf (1821 - 1901) 53
Heer, Friedrich (1916 - 1983) 16